山西省普通高中
音乐学科
新课程教学指导与实施建议

山西省教育科学研究院　编

山西出版传媒集团　山西教育出版社

图书在版编目（CIP）数据

山西省普通高中音乐学科新课程教学指导与实施建议 / 赵靖著. — 太原 ：山西教育出版社，2022. 7

ISBN 978-7-5703-2501-6

Ⅰ. ①山… Ⅱ. ①赵… Ⅲ. ①音乐课—教学研究—高中 Ⅳ. ①G633. 951. 2

中国版本图书馆 CIP 数据核字（2022）第 084636 号

山西省普通高中音乐学科新课程教学指导与实施建议

SHANXI SHENG PUTONG GAOZHONG YINYUE XUEKE XINKECHENG JIAOXUE ZHIDAO YU SHISHI JIANYI

责任编辑 荆建强
复　　审 陈旭伟
终　　审 彭琼梅
装帧设计 王　妮
印装监制 赵　群

出版发行 山西出版传媒集团 · 山西教育出版社
（太原市水西门街馒头巷 7 号 电话：0351-4729801 邮编：030002）
印　　装 山西万佳印业有限公司
开　　本 787×1092 1/16
印　　张 7
字　　数 113 千字
版　　次 2022 年 7 月第 1 版 2022 年 7 月山西第 1 次印刷
书　　号 ISBN 978-7-5703-2501-6
定　　价 26. 60 元

序　言

我省已于2020年从高一起始年级实施普通高中新课程，并将于2025年全部实施新课程、新高考。

为贯彻落实《国务院办公厅关于新时代推进普通高中育人方式改革的指导意见》（国办发〔2019〕29号）、《教育部关于印发普通高中课程方案和语文等学科课程标准（2017年版2020年修订）的通知》（教材〔2020〕3号）和《山西省教育厅关于印发普通高中新课程学科教学指导意见的通知》（晋教基〔2021〕13号）的精神，确保普通高中新课程、新高考在我省顺利实施，帮助各学科教师更好地理解和贯彻新课程、新教材理念，把握学科核心素养及学科本质，真正起到对普通高中新课程学科教学的指导和促进作用，在多次深度调研和广泛征求意见的基础上，山西省教育科学研究院与山西教育出版社联合研发出版了《山西省普通高中学科新课程教学指导与实施建议》（以下简称《教学指导与实施建议》）。

省教科院普通高中各学科相关人员高度重视丛书的研制工作，各学科教研员作为研制工作的第一责任人，组织了山西省普通高中新课程各学科指导组核心成员，多次研讨，反复修改，并将丛书的研制和前期的调研结合起来，高质量完成了《教学指导与实施建议》编写任务。山西教育出版社学科编辑逐字斟酌，反复琢磨，高质量完成了《教学指导与实施建议》的编辑工作，使得丛书得以如期出版。

《教学指导与实施建议》是针对近两年我省新课程实施中存在的难点、热点问题研发的，因此非常重视对教学指导与课标、教材、教师教学用书及教学典型案例关系的科学处理，既要具有一定高度，又不与国家政策有过多的重复；既要反映新课程对教学的共性要求，又要结合我省学科教学的实际针对性地提出可操作的意见。丛书在撰写方式上采用了理论和实践、指导和案例相融合的方式。

《教学指导与实施建议》的编写主要分两部分。第一部分为“山西省普通高中学科新课程教学指导意见”，根据各学科课程标准，结合我省普通高中教学实际，内容设置为“深刻理解课程性质与基本理念”“全面落实学科核心素养与课程目标”“科学安排三年教学规划”“准确把握学业质量标准”“灵活运用多种教学方式”等，基本与课程标准中的课程性质与基本理念、学科核心素养与课程目标、课程结构、学业质量、实施建议等内容相对应。第二部分为“山西省普通高中学科新课程教学实施建议”，是以各学科课程标准为依据，针对我省普通高中教学实际，对课程标准各模块主题中的“内容标准”提出较明确、具体的学习目标以及相应的实施建议、参考示例，对教学策略、教学方式、教学方法、教学活动，以及教师在教学中应如何落实相关知识点，怎样把握教学深度和广度，如何落实学科核心素养和学业质量标准要求等，提出了相应的建议和教学设计案例，供教师在教学中参考。

教师在使用过程中，要处理好《教学指导与实施建议》同学校特色发展的关系，要处理好《教学指导与实施建议》同本校学生个性发展的关系。虽然《教学指导与实施建议》提出了非常明确具体的教学指导和实施建议，但我们更鼓励教师要根据本校实际条件和教学情况创造性地加以发挥运用。

山西省教育科学研究院院长

目　录

上编　山西省普通高中音乐学科新课程教学指导意见

下编　山西省普通高中音乐学科新课程教学实施建议

上编

山西省普通高中音乐学科新课程教学指导意见

为贯彻落实新课程理念要求，推进普通高中育人方式变革，根据教育部《普通高中课程方案（2017 年版 2020 年修订）》《普通高中音乐课程标准（2017 年版 2020 年修订）》等精神，结合我省普通高中音乐学科教学实际，制定本意见。

一、深刻理解课程性质与基本理念

（一）课程性质

《普通高中音乐课程标准》“课程性质”第一段：“音乐是人类最具普遍性和感染力的艺术形式之一，是人类精神生活的有机组成部分。作为人类文化的重要载体，音乐蕴含着丰富的历史内容和人文内涵，以其独特的艺术魅力和社会功能，伴随人类社会历史的发展，满足人类精神文化需要。对音乐的感悟、理解、表现和创造，是人类一种基本素质和能力。基于音乐艺术与人类精神、情感及审美和人文素养的密切联系，普通高中音乐课程具有素质教育鲜明的大众性和普及性特点，是面向全体学生的一门必修课。”这一段主要回答了音乐艺术的学科本质和功能定位。整个段落包括四句话：第一句，围绕“音乐是什么”这一命题进行了概括。第二句，围绕音乐艺术在人类精神世界和社会历史中的功能进行整体性定位。第三句，指出人与音乐的关系。第四句，明确指出普通高中音乐课程作为面向全体学生的一门必修课程，为素质教育和美育普及服务的基本定位。

《普通高中音乐课程标准》“课程性质”第二段：“普通高中音乐课程的性质，与义务教育阶段音乐课程的人文性、审美性和实践性一脉相承，同时体现普通高中课程方案提出的思想性、时代性、基础性、选择性和关联性。”“培育和践行社会主义核心价值观”和“为落实立德树人根本任务、发展素质教育服务”，要求音乐课程必须坚持正确育人导向，把社会主义核心价值体系贯穿在音乐实践活动中。

（二）课程基本理念

1. 彰显美育功能　提升审美情趣

音乐作为具有审美功能的一门艺术，在中学生成长过程中发挥着以美育人的作用。学校音乐教育是实施美育和实现全社会美育普及的重要途径，音乐课程应该具有鲜明的教育性和导向性，发挥引领中学生向真、向善、向美的特质。学校音乐教育最终为《关于全面加强和改进新时代学校美育工作的意见》文件所勾画的美育宏图作出自己的贡献。

普通高中音乐教学过程中，应该正确处理好学习音乐知识技能与提升情感体验和文化认知能力的关系。音乐知识技能学习是发展学生情感体验、艺术表达和文化认知的基础，其本身就是学生音乐素养的组成部分。音乐教育的主体内容是教会学生针对音乐的特有表现形式进行审美体验，教学语言和教学方法必须关注音乐作为艺术表现形式的本质。具体来说，审美在音乐教育中的功能是引领学生分享来自音乐表现形式的美，引导学生学习和体验音乐的艺术表现力。

2. 强调音乐实践　开发创造潜能

在高中音乐课程中，聆听、歌唱、演奏、编创和综合艺术表演是学习音乐的主要实践形式。学生学习音乐知识和技能离不开积极参与各类音乐实践活动。积极参与音乐实践活动有助于学生积累与音乐相关的直接经验；有助于学生通过音乐实践和体验情感掌握相关音乐知识和技能；有助于学生提高对音乐的审美感知能力、文化理解能力和艺术表现能力。

音乐是一门极富创造性的艺术。通过音乐听觉及多种感官参与的实践活动，能够使学生产生联想和想象，调动其自身的诸多能动性，从而开发创造潜能。

3. **升华情感体验 突出音乐特点**

艺术教育是人文教育的一部分。人文教育的终极目标不是使人学到一门技术，而在于增强人的文化素养，提升一个人的精神和思想境界。从美育角度看，经典音乐所蕴含的美以及音乐家的人生经历，能激励学生去追求更有意义和更有价值的人生，去追求自身的高尚，提升自己的人生境界，这些都是学生在学习和实践中不断深化自身情感体验而最终获得的。

音乐是听觉的艺术，因此“听”应该是学习音乐和参与音乐活动的主要途径。美国作曲家科普兰说：“如果你要更好地理解音乐，再没有比倾听音乐更重要的了。”高中音乐课程不管是必修模块还是选择性必修模块，“听”是第一步，也是激发兴趣最直接、最有效的手段。通过反复“听”，形成持久记忆，最终在音乐把握上具有了直接的反应能力。在教学中要突出和遵循以聆听为主的音乐学科教学规律，同时也要关注音乐艺术的表现性和情感性特征。

4. **弘扬民族音乐 理解多元文化**

中国民族民间音乐作为中国传统文化的一种重要形态和载体，蕴藏着丰富的内涵，以其独特的艺术魅力伴随中国历史的发展，满足人民大众的精神文化需求。我国56个民族拥有数以万计的民歌，它们是取之不尽、用之不竭的艺术宝库。此外，还有品种繁多的民间歌舞音乐、民间器乐、传统曲艺及戏曲等传统艺术形式，它们凝聚着中华民族的精神和民族艺术的精华。重视民族民间音乐学习，把民族民间音乐纳入基础课具有战略性意义。

多元文化是指一个国家或民族在社会发展的进程中，在继承本民族优秀文化的基础上，兼收并蓄其他国家或民族的优秀文化，从而形成以本国民族文化为主、外来文化为辅的社会环境。各种文化相互融合、和谐发展，是文化多元化的基本特征和具体表现，也是文化发展的内在规律和必然要求。音乐文化交流是世界各国、各地区、各民族友好交往的重要渠道，它可以促进国与国、人与人之间互相了解，消除隔阂与误解，促进社会进步并推动和平事业的发展。

5. **丰富课程选择 满足发展需求**

高中音乐课程采用必修与选修相结合的结构形式，包含音乐鉴赏、歌唱、演奏、音乐编创、音乐与舞蹈、音乐与戏剧六个必修模块，学生可在其中任选模块，获得必修学分。此外，还包含合唱、合奏、舞蹈表演、戏剧表演、音乐基础理论、视唱练耳六个选择性必修模块，旨在为音乐教师利用课外时间组织的各类实践性社团活动提供帮助。学生可在其中任选模块，通过学习提升艺术表现技能，获得必修学分。由学校自主开设选修课程，拓展学生音乐课程的选择空间。改变以往课内外音乐学习难以打通、学生基础性内容学习与实践性音乐活动脱节的情况，更加全面地实施音乐课程教学。

多样的课程设置和丰富的课程内容，增强了音乐学习与其他学科及社会生活、高等教育和职业生涯的关联，满足了学生全面而有个性的发展需求。充分体现了高中课程体系的基础性、选择性、时代性和关联性特征，切实满足了学生自主学习和个性化发展的需求。

6. **立足核心素养　完善评价机制**

学校音乐教育应深刻领会音乐学科核心素养的内涵与关系，将其主旨渗透在音乐课程学习和评价的全过程中。同时，基于发展学生音乐学科核心素养的总体目标，规划不同课程和实践活动的具体内容，并探索与之相宜的实施途径。以音乐学科核心素养的发展水平和表现特征为主线，关注学生综合运用思想方法和探究技能。只有具备系统的、结构化的学科知识和技能、思想方法和探究模式，才能深刻理解特定的任务情境，从而解决问题。

学校音乐教育应树立以发展音乐学科核心素养为本的评价理念，明确学业质量标准是围绕普通高中音乐课程总体目标并针对各有侧重的课程模块教学而形成的阶段性目标，准确把握学业质量不同水平所描述的表现特征，深入理解学业质量标准与不同课程内容学习阶段学业要求之间的关系，结合具体内容和学生实际，确定具体明确的评价目标和表现预期。以音乐学科核心素养发展为主轴，实现日常学习表现评价和终结性评价的整合，既重视结果，也重视过程，最终形成系统完整的评价体系。以学业质量标准为纽带，设计不同学习阶段或表现水平的评价任务，构建考查学生音乐学科核心素养发展的评价体系。

二、全面落实学科核心素养与课程目标

学科核心素养是学科育人价值的集中体现，是学生通过学科学习而逐步形成的正确价值观、必备品格和关键能力。音乐学科核心素养，主要包括审美感知、艺术表现、文化理解三个方面。

1. **审美感知**

《普通高中音乐课程标准》指出：“审美感知是指对音乐艺术听觉特性、表现形式、表现要素、表现手段及独特美感的体验、感悟、理解和把握。”音乐学习者首先面对的是对音乐音响听觉特性、表现要素、艺术形式和独特美感的深入理解和把握。无论哪种层次或类型的音乐活动，对声音基本属性的感知都是最基础的。例如，要培养学生对声音的选择，让他们系统学习如何感受声音之间的关系。学生在复杂的声音结构中，是否对声音进行选择性聆听，以及是否能对音响结构整体属性进行感知，是音乐审美能力的关键所在，这也是音乐审美教育的核心内容。一个缺少音乐审美能力的人对音乐的感受只是一堆声音而已，但对于一个音乐审美能力较强的人来说，则能够在许多声音之间发现声音的组织结构关系，而音乐的审美价值与意义正是在这些声音关系中充分显现出来的。

围绕发展和提升“审美感知”素养的课程教学内容包括：了解音乐基本要素（节奏、节拍、旋律、调式、和声、织体、结构、音区、音色、力度、速度等）；学习音乐的组合发展和结构过程（模进、变奏、扩展、变形、纵向和横向的音响交互作用，反复、对比、音型、装饰、开始、收束等）；研讨能够代表不同风格流派的作曲家及经典作品。高中音乐教育就是要培养学生音乐审美感知能力，在倾听中思考音乐，在比较中鉴别音乐，最终提高学生音乐鉴赏能力。

2. **艺术表现**

《普通高中音乐课程标准》指出：“艺术表现是指通过歌唱、演奏、综合艺术表演和音乐编创等活动，表达音乐艺术美感和情感内涵的实践能力。”听赏、表演（演唱、演奏、综合性艺术表演）、创作都能通过自身体验的方式给学生以参与音乐的具体机会。一般来说，普通音乐课在学校多为基础必修课，以听赏为主要学习方式，教师引导学生通过接触难度不同且风格多元的作品关注音乐音响的表达方式。表演和创作多是部分学生的选修课，通过尝试表演和创作，学生享有直接、丰富和具有挑战性的音乐体验。

音乐是表现的艺术。通过各种音乐实践活动，使学生获得丰富的、有创造性的音乐体验。师生在整个教学过程中应注意以下几点：第一，歌唱（合唱）、演奏（合奏）、舞蹈表演、戏剧表演等表现性强的课程，不是以技能培养为重，而是以学习音乐为重。第二，音乐表现是一种创作行为，教学中要让学生充分参与音乐实践活动，并能够突出音乐性、创造性的展开式学习。第三，教师在教学过程中用丰富的曲目充实教材，让学生理解音乐表现本身所发挥的艺术作用。为学生选择在音乐与技术两方面都有挑战性的曲目，使他们同时加强表现能力和音乐理解力并富有成效地保持两者之间的平衡。

3. **文化理解**

《普通高中音乐课程标准》指出："文化理解是指通过音乐感知和艺术表现等途径，理解不同文化语境中音乐艺术的人文内涵。"关于"文化"一词的概念，中外学者为它下过成百上千种定义，一方面反映了这个概念的重要性，另一方面也说明人们对同一概念有多种体验和理解。音乐作为一门艺术，在给欣赏者带来无与伦比的听觉享受的同时，蕴含着深刻的思想、丰富的情感、严密的逻辑和复杂的技术。音乐教育属于人文素质教育，人文素质教育旨在通过各种教育活动，使人类优秀的文化成果被内化为受教育者的人格、气质和修养，并总是把人引向去思考人生的目的、意义、价值，去追求人的完美化，从而成为维系人类社会生存和发展的重要因素。

《普通高中音乐课程标准》提出"以美育人"的思想与我国的教育、文化传统一脉相承，它是培养德智体美劳全面发展的社会主义建设者和接班人的教育方针的有机组成部分。通过音乐教育培养和提高学生感受美、表现美、鉴赏美、创造美的能力，陶冶情操，发展个性，启迪智慧，丰富和发展形象思维，可以激发学生的创新意识和创造能力，全面提升学生的综合素质。此外，音乐艺术所呈现的民族、地域、时代、宗教、伦理、道德、民风、习俗、风格等文化特征，无不带有深厚的人文内涵。因此，音乐学习应广泛摄取包括哲学、经济、历史、文艺、伦理、语言学、民俗学以及其他社会文化和相关姊妹艺术在内的人文学科养分。学生通过学习音乐可以充实、丰富自身的人文涵养，发展审美创造力，提高道德修养，陶冶高尚情操。

三、科学安排三年教学规划

（一）课程结构

普通高中音乐课程由必修、选择性必修和选修三类课程构成（见表1）。

表1 普通高中音乐课程结构表

<table>
<tr><th>类别</th><th>模块名称</th><th>课程说明</th></tr>
<tr><td rowspan="6">必修课程（选学）</td><td>音乐鉴赏</td><td rowspan="6">每个必修模块均由既相对独立、完整，又相互关联、适度渐进的18学时加18学时两部分内容组成，供全体学生根据自身兴趣爱好和发展需求从中选择修习。</td></tr>
<tr><td>歌唱</td></tr>
<tr><td>演奏</td></tr>
<tr><td>音乐编创</td></tr>
<tr><td>音乐与舞蹈</td></tr>
<tr><td>音乐与戏剧</td></tr>
<tr><td rowspan="6">选择性必修课程</td><td>合唱</td><td rowspan="6">分别以艺术表演实践和基础知识深化为教学内容，是必修课程相关模块的对应延伸和必要补充，为培育音乐学科核心素养提供艺术实践的表现空间、基础知识与基本技能的学习，重在提升学生音乐表现的实际能力，课程具有拓展性质。每个模块以18学时教学容量组织教学，由学生根据自身发展需要选择修习。</td></tr>
<tr><td>合奏</td></tr>
<tr><td>舞蹈表演</td></tr>
<tr><td>戏剧表演</td></tr>
<tr><td>音乐基础理论</td></tr>
<tr><td>视唱练耳</td></tr>
<tr><td>选修课程</td><td colspan="2">根据学校办学条件、办学理念和学生兴趣爱好、学业发展、生涯规划及当地特色文化资源、民间艺术传承等，由学校确定开设，学生自主选择修习。</td></tr>
</table>

（二）学分与选课

《普通高中音乐课程标准》规定，每个高中学生在音乐课程中须获得3个必修学分。

1. 选课方式

3学分的获得有以下四种选课方式：

方式一：2（必修）+1（必修）

方式二：1（必修）+1（必修）+1（必修）

方式三：2（必修）+1（选择性必修）

方式四：1（必修）+1（必修）+1（选择性必修）

2. 必修课程

学生在必修课程中至少应获得2学分，根据学校音乐教学模块开设和学生选课情况，可按班级开课，或跨班级、跨年级组成教学班，以“走班”形式组织教学（见表2）。

表2　普通高中音乐必修课程结构表

类别	模块	学时	学分	选课要求
必修课程（选学）	音乐鉴赏	36（18+18）	2（1+1）	学生可选学1个模块，修满36学时，通过考查评价，获得2学分；也可选学2个及以上模块，每修满18学时，通过考查评价，各获得1学分。
	歌唱	36（18+18）	2（1+1）	
	演奏	36（18+18）	2（1+1）	
	音乐编创	36（18+18）	2（1+1）	
	音乐与舞蹈	36（18+18）	2（1+1）	
	音乐与戏剧	36（18+18）	2（1+1）	

各地、各校根据实际情况，至少开设一个必修模块，有计划地分步开设更多必修模块，积极为学生提供更大的选择空间。

3. **选择性必修模块**

选择性必修课程中合唱、合奏、舞蹈表演、戏剧表演四个模块，建议根据学校条件及学生选课情况，可分为班级组合、跨班（年）级组合及学生艺术社团三个层次组织教学。音乐基础理论、视唱练耳根据学生选课情况灵活组织教学（见表3）。

表3　普通高中音乐选择性必修课程结构表

类别	模块	学时	学分	选课要求
选择性必修课程	合唱	18	1	学生根据自身发展需要，从中选修或循环选修1个或多个模块，每修满18学时，通过考查评价，获得1学分。 选择性必修课程学分范围为0~9学分。
	合奏	18	1	
	舞蹈表演	18	1	
	戏剧表演	18	1	
	音乐基础理论	18	1	
	视唱练耳	18	1	

各地、各校根据实际情况，至少开设一个选择性必修模块，有计划地分步开设更多选择性必修模块，积极为学生提供更大的选择空间，逐步完善普通高中音乐课程结构。凡学校有能力开设的模块，均应面向全体学生，让学生按照自己意愿选择学习内容。

4. **选修课程**

由地方或学校根据实际需要自主开设，按照学生选课情况灵活组织教学

（见表4）。

表4 普通高中音乐选修课程结构表

类别	模块方向	选课要求
选修课程	根据学校办学条件、办学理念和学生兴趣爱好、学业发展、生涯规划及当地特色文化资源、民间艺术传承等，由学校确定开设，学生自主选择修习。	学生每修满18学时并通过考查评价，获得1学分。 选修课程学分范围为0~2学分。

学校应鼓励有特长和有个性发展需求的学生，在获得2个必修学分的基础上，通过从必修、选择性必修及选修课程中，继续以选修或循环选修的方式，拓展学习的深度和广度，获得更多的学分。

（三）课时安排

以《普通高中音乐课程标准》为依据，对山西省普通高中音乐课程课时安排提出如下建议（见表5）。

表5 普通高中音乐课程课时安排建议

高中各年级音乐课程课时安排建议	
三学年总教学课时数	≥54课时
必修模块课时数	≥36课时
高一年级周课时数	1课时/周
高二年级周课时数	≥0.5课时/周
课时时长	40分钟或45分钟/课时

四、准确把握学业质量标准

学业质量是学生完成音乐课程学习后的学业成就表现。学业质量标准是以音乐学科核心素养及其表现水平为主要维度，结合课程内容，对学生学业成就表现的总体刻画。学业质量标准明确将学业质量划分为不同水平，并描述了不同水平学习结果的具体表现。

1. 学业质量标准

普通高中音乐学业质量标准将6个模块的学业质量水平分为3个等级：水平1为学生完成一个模块18学时达到的基本要求。水平2和水平3为学生完成36学时达到的提高要求。学生完成对应学时的学习，通过测试可获得对应学分。具体描述详见《普通高中音乐课程标准》第32至43页。

2. **学业质量评价**

学业质量评价以学业质量标准为依据，可采用过程性评价与终结性评价相结合的方式进行。

过程性评价是对学生在学习过程中的学习态度和实践表现的评价。以“音乐成长记录册”为载体，可采用自评、师评、同学互评的方式进行。自评以自我发展的纵向比较为重点，看到自己的进步，促进自我反思，明确加强和改进的方向；师评主要通过观察、对话、提问等方式，对学生日常学习过程中所表现出来的相关状态和发展变化进行描述性评价，激励学生成长进步；同学互评可采用分组讨论交流、分享学习成果等形式，形成相互借鉴、共同进步的氛围。此评价方式主要用于对“学习态度”的评价。

终结性评价是对学生模块学习结果的评价，主要围绕学生在“审美感知、艺术表现、文化理解”三方面素养能力表现水平进行，重在考查学生的音乐核心素养水平及能力。终结性评价可采用面试和笔试（或电脑测试）相结合的方式。面试主要采用演唱、演奏、综合性艺术表演等方式进行；笔试或电脑测试主要用于音乐鉴赏、音乐编创、音乐基础理论，以及其他模块中有关音乐理论知识的测试。无论哪种方式，都应突出和体现音乐学科特点。

3. **评价结果的呈现与运用**

在日常学习表现评价和模块学业质量评价的基础上，可对不同选课类型的学生，分别作出音乐学业水平综合评价，并及时向学生反馈评价结果；未修满3个必修学分或未达到合格标准的学生，可重修或另修其他模块；对获得优秀或良好成绩且有志于报考普通高校音乐专业的学生，可由学校作出“音乐特长生”“音乐优秀生”等推荐性评价，为学生进一步学习音乐创造条件。

五、灵活运用教学方式

普通高中音乐新课程不同模块的教学可灵活运用不同的教学方式和方法进行教学实施。

1. **音乐鉴赏**

音乐鉴赏是培育学生音乐审美感知和文化理解素养的重要途径。

（1）聆听与实践。在音乐鉴赏教学中要坚持以聆听音乐为主，倡导学生对音乐作品整体性的审美感知和亲身体验，并借助乐谱和音响，演唱和熟悉音乐作品的主题，根据音乐作品的特点，在听赏环节中加入唱、奏环节或随乐律动，并适当穿插相同题材歌曲演唱或综合性艺术表演等实践活动，激发学生音乐鉴赏的参与感，领悟作品的音乐内涵。

（2）教学方法与手段。创设体验音乐的情境，设计具有探究性和启发性的问题，结合相关文化背景，采用集体讨论、沟通和交流的方式加深对音乐的感受与理解。鼓励学生运用现代信息技术搜集相关文字、乐谱、图片、音频、视频等资料，开展互动交流和研究性学习等活动，提高学生自主学习和探究问题的综合能力。激发学生对音乐展开联想与想象，用口头描述、写作诗歌（散文）等形式，表达鉴赏心得。

2. **歌唱与合唱**

歌唱教学是培育学生艺术表现素养的重要途径。合唱是歌唱模块的拓展和延伸，是以合唱表演活动为主的实践性课程。

（1）歌唱。建议通过赏析优秀声乐作品，使学生理解歌曲题材及风格，帮助学生在歌唱实践中准确把握音乐作品的思想内涵，更好地进行歌曲表现；教授学生正确的歌唱姿势、呼吸方法、歌唱发声、吐字咬字等，对学生进行循序渐进的歌唱技能训练；积极创设条件，引导学生参与不同形式和不同水平层次的演唱实践活动。教师在教学中应把握好欣赏与歌唱的比重，重在实践性的歌唱。

（2）合唱。建议通过赏析优秀合唱作品，让学生体验多声部合唱的艺术魅力和丰富的表现力。合唱教学应从轮唱和简单的二声部开始，逐步过渡到多声部合唱，引导学生领会指挥手势的含义并能做出快速调整；要求学生养成倾听习惯，在音准、音量及音色等方面保持声部间的和谐与均衡；为学生提供合唱表演机会，让他们在实践中分享表演的快乐，增强表演的信心。针对不同教学对象制订相应的教学计划，对有需要深入学习合唱的学生，可采用循环选修的方式，拓展演唱学习的深度和广度，提高合唱艺术表现水平。

3. **演奏与合奏**

演奏教学是培育学生艺术表现素养的重要途径。合奏是演奏模块的拓展和延伸，是以器乐合奏表演活动为主的实践性课程。

（1）演奏。建议通过赏析优秀器乐作品，使学生了解和认识不同类型乐队及常见乐器等知识，理解作品的题材、风格及创作意图，激发学生演奏乐曲的兴趣与欲望；引导学生在实践中学习并逐步掌握乐器演奏的基本方法和基本技能，能熟练地识谱演奏，并能准确地把握和表现乐曲的内容与情感；从学生实际出发选择乐器种类，确定乐队类型、规模及组合方式，以齐奏和小型合奏为主，鼓励学生学习地方和民族特色乐器，组建相应乐队。

（2）合奏。建议通过赏析优秀器乐合奏作品，让学生体验多声部合奏的艺术魅力和丰富的表现力。在合奏中引导学生根据指挥准确奏出自己的声部并关注不同声部间的和谐与均衡，适时调整自己的演奏；鼓励学生参与多种形式的合奏实践，循序渐进地积累合奏表现的感性经验，享受集体演奏的乐趣；针对不同教学对象制订相应的教学计划，对有需要深入学习乐器演奏的学生，可采用循环选修的方式，拓展演奏学习的深度和广度，提高合奏艺术表现水平。

4. 音乐编创

音乐编创是以发展学生的音乐想象力和艺术创造力为目的，通过音乐材料的组织与发展，以不同的形式表达音乐思想感情、表现音乐意境的艺术创作实践活动。

（1）编创与实践。建议结合经典音乐作品的赏析（可从不同风格、情绪的歌曲或乐曲的音乐主题入手），引导学生探索音乐发展的各种方法、手段，学习音乐编创知识和方法（为熟悉的旋律编配歌词，对音乐进行改编，如改变节拍或节奏、旋律加花、简化、移调、改编歌曲的前奏、段落连接和尾声等），运用乐谱记录编创作品。

（2）教学方法与手段。通过生动直观的音乐体验与认知，激发学生利用基础理论中的音乐材料和形式表达生活感受，抒发内心情感。尽可能创造条件，鼓励学生运用软件进行音乐编辑和创作。

5. 音乐与舞蹈、舞蹈表演

音乐与舞蹈是培育学生音乐审美感知、艺术表现和文化理解素养的重要途径。舞蹈表演是音乐与舞蹈模块的拓展与延伸，是以舞蹈表演活动为主的实践性课程。

（1）音乐与舞蹈。建议通过不同舞种的优秀代表性作品鉴赏，使学生了解舞蹈艺术的相关知识，掌握不同舞种的风格与特点，理解音乐与舞蹈的关系；引导学生学习代表性舞种的基本动作及动作组合，掌握舞蹈编排的基本常识和舞蹈编创的相关知识；教学中要注重学生音乐感知力和节奏韵律感的培养，同时把握好赏析与实践的比重。

（2）舞蹈表演。建议通过赏析优秀舞蹈作品，让学生体验舞蹈艺术的魅力和丰富的表现力。要求学生至少掌握 1~2 种代表性舞种的基本舞蹈动作及动作组合，掌握一定的舞蹈编创方法与技能；组织学生参与不同形式、不同层次舞蹈作品的学习与排演，积累舞蹈表现感性经验，养成较好的合作与协调能力；针对不同教学对象制订相应的教学计划，对有需要深入学习舞蹈表演的学生，可采用循环选修的方式，拓展舞蹈学习的深度和广度，提高舞蹈艺术表演水平。

6. **音乐与戏剧、戏剧表演**

音乐与戏剧是培育学生音乐审美感知、艺术表现和文化理解素养的重要途径。戏剧表演是音乐与戏剧模块的拓展与延伸，是以戏剧表演活动为主的实践性课程。

（1）音乐与戏剧。建议通过赏析中国戏曲、中外歌剧、音乐剧及戏剧配乐等，让学生了解戏剧构成的主要元素，认知音乐在不同类别戏剧艺术中的地位与作用；通过鉴赏主要戏剧种类的代表性作品，掌握其风格与特点，了解起源与发展脉络、代表人物、代表作品及主要成就；从配乐朗诵或表演戏剧小品入手，激发学生学习和参与戏剧表演的兴趣；选择适当的题材，指导学生选配适合的音乐，进行戏剧小品或小型音乐剧的编创、排练及演出。

（2）戏剧表演。建议通过赏析中外优秀戏剧作品，让学生体验戏剧艺术的魅力和丰富的表现力。教师应积极组织学生参与各种经典作品和片段的排演实践活动，积累戏剧表演的感性经验，提高集体艺术表现中的合作协调能力；针对不同教学对象制订相应的教学计划，对有需要深入学习戏剧表演的学生，可采用循环选修的方式，拓展戏剧学习的深度和广度，提高戏剧艺术表演水平。

7. **音乐基础理论**

音乐基础理论是音乐学习的基础课程，旨在梳理、巩固、深化学生的音乐基础理论知识，提高学生音乐学习的认知力和理解力，开阔音乐文化视野，促进音乐学科核心素养的形成。

音乐基础理论的学习包括基本乐理知识（记谱法、音高、音程、节奏、节拍、音阶、调式、调性、旋律、和弦等）和音乐学常识（音乐艺术的基本特征、音乐与社会生活的关系、音乐与人的情感和意志表达、音乐与民族文化传统、音乐创作与表演、音乐学各主要分支领域概要）；教师应注重结合其他模块教学涉及的音乐作品实例进行教学；对有需要深入学习音乐基础理论的学生，可采用循环选修的方式，拓宽和加深学习内容，为增强音乐理论修养和报考普通高校音乐专业奠定良好基础。

8. **视唱练耳**

视唱练耳是音乐学习的基础课程，旨在巩固和深化学生的识读乐谱能力，提高音乐听觉和记忆水平，积累读谱和音乐听觉经验，促进音乐学科核心素养的形成。视唱练耳的学习包括识读、运用乐谱和音乐听辨与记忆（音高、节奏、音程、和弦、旋律）；教师可从经典作品中提取视唱练耳教学材料，同时涉及其他模块教学中的音乐作品实例，尽可能结合音乐表演活动进行教学；对有需要深入学习视唱练耳的学生，可采用循环选修的方式，拓宽和加深学习内容，为提升读谱能力和音乐听觉水平，以及报考普通高校音乐专业奠定良好基础。

下编

山西省普通高中音乐学科新课程教学实施建议

必修1 音乐鉴赏

音乐鉴赏是以聆听、体验、探究、评价等方式对音乐作品进行欣赏、品鉴，在产生艺术联想与想象、获得精神愉悦和美感的同时，对作品的艺术性、思想性、人文性做出判断和反思。音乐鉴赏教学是培育学生音乐审美感知和文化理解素养的重要途径。

【内容要求】

1.1 聆听丰富多彩的音乐，体验音乐的美，掌握音乐欣赏的基本方法，养成听赏音乐的习惯。

学习目标	实施建议
1. 通过对中外优秀经典音乐作品的赏析，了解音乐要素（速度、力度、节奏、节拍、音色、旋律、结构）对塑造音乐形象的作用，深入感知、体验音乐的美。	1. 在教学过程中，注意选取优秀、经典的有代表性的中外音乐作品，作为学生聆听及教学的重点。教学中以“聆听音乐”为主，围绕“审美感知、艺

2. 通过对优秀音乐作品的聆听、实践及分析，让学生感知音乐作品的音响及音乐要素的表现特点，初步建立音乐鉴赏的逻辑思维能力。 3. 通过对经典音乐作品的聆听及实践分析，领悟其速度、力度、音色、曲式结构、节奏、旋律等要素对作品不同情绪情感的表达所起的作用，体验不同音乐作品所传达出的或优美、壮美或崇高美、悲剧美等美的不同形态。 4. 在聆听音乐过程中，能根据生活经验展开联想与想象，以形象联想、情节联想、自由联想等进行分析、讨论音乐作品，达到更具体、更形象地感受和理解音乐。 5. 在欣赏音乐作品时，要引导学生了解作品主题的民族风格、旋律特点、节奏特点、速度、力度的变化及创作方法的特点，进一步感知作品的创作背景，探索音乐情感背后的风格特征及精神内涵，从而达到对作品准确的认识理解。 6. 通过对作品的欣赏、实践及鉴赏经验的积累，初步掌握欣赏音乐的方法，建立音乐鉴赏的逻辑思维能力，提升自身的音乐鉴赏能力。	术表现、文化理解”三大核心素养展开教学。 2. 鉴赏作品时要以音响本体和音乐形式要素为切入点，分析、实践及欣赏作品。 3. 聆听时可采用对比式欣赏，引导学生有意识地将自身对音乐的主观感受与客观音响相融合，再运用相关音乐专业知识分析作品，对音乐进行理性品鉴。 4. 通过熟悉、记忆、辨别主题，了解作品中出现的乐器、音响营造的意境等方面，引导学生展开想象。 5. 聆听音乐时，引导学生比较、分析、类比音乐与绘画、与影视作品、与语言特征等相关文化作品的异同及相通之处，激发想象力及创新力。 6. 一部好的音乐作品，不仅仅是好听的旋律和优美的配器，还一定有其独特的时代精神和文化内涵，一定浓缩着作曲家的经历和体验。所以在实际教学中一定要引导学生从作品的创作背景、文化内涵、音乐语言以及风格特征等方面着手，全面、深入地理解和鉴赏作品。
参考示例	
1. 分析音乐作品，可以运用音乐要素（旋律、节奏、节拍、和声、调式、曲式等）体验、理解音乐，感知音乐表现意图。例如欣赏进行曲风格的乐曲，可以着重体验其旋律走向、节拍特点、典型节奏型；欣赏古典主义音乐和浪漫主义音乐，可以对比两个时期的旋律、结构特点；欣赏世界民族民间音乐，可以对比各国音乐的调式音阶，等等。 2. 音乐的情感内涵一般包含喜悦欢乐、悲愤哀伤、平静安宁等三种基本类型。选取代表性的作品供学生欣赏，体验不同音乐情绪。如喜悦欢乐的《快乐的女战士》，悲	

愤哀伤的《松花江上》，平静安宁的《牧歌》。通过对比欣赏音乐要素、作品相关创作背景和人文、历史环境，深刻体验音乐所表达的情绪。 3. 选取描绘性、情节性强的音乐作品帮助学生产生联想，也可根据音响感知和情感体验引发学生自由想象。教师可采用情境教学激发学生联想与想象。比如联系生活情境、肢体动作创设情境、直观事物创设情境等。 4. 欣赏西方音乐作品时，可结合时代与音乐、姊妹艺术与音乐的关系探究文化内涵；欣赏民族民间音乐时，结合地理环境、生活习俗探究音乐风格；欣赏中国传统音乐时，结合中国独特的文化内涵理解中国音乐风格。

1.2 认识、了解音乐作品的题材内容、常见音乐体裁及表现形式。

学习目标	实施建议
1. 欣赏不同风格、不同内涵的音乐作品，了解音乐题材的多样性。 2. 通过聆听感受、分析、讨论、总结等实践活动，结合音乐的创作背景，深刻理解作品的题材内容。 3. 对比聆听或演唱相同题材的音乐，体验作品情感，加深对音乐的理解。 4. 通过欣赏多样的音乐，了解音乐作品的体裁分类，并能听辨出常见的音乐体裁，对西洋音乐体裁、中国民间歌曲类、器乐类、戏曲类、民间歌舞类有较清晰的认识。 6. 通过聆听、实践、总结了解声乐类和器乐类不同表演形式，感受不同表演形式对于音乐作品的重要影响。 7. 能根据自己的音乐经验、社会经验和掌握的相关文化知识，识别鉴赏作品的音乐风格、音乐表现形式和文化内涵，并做出初步分析及简要评价，加深理解音乐表现形式与表现内容的关系。 8. 尝试在审美体验过程中，探究所鉴赏作品的题材、体裁及表现形式的内在联系。	1. 引导学生课前收集不同题材作品，如：历史题材、爱情题材、英雄题材等，采用课下自主学习、课上交流分享，听辨、连线、结合相关文化知识，理解题材概念及表达的思想内容。 2. 结合初中已有的知识积累，对比不同体裁作品鉴赏，采用启发式、归纳式教学策略提炼不同体裁的关键音乐要素，引导学生辨别不同体裁的风格特点。 3. 音乐的表现形式有声乐类和器乐类两大类，引导学生演唱和演奏作品主题、片段，理解音乐作品表达的思想感情。 4. 教学中重点关注作品题材内容和表现形式的对应关系，制订探讨音乐聆听与鉴赏的有效策略。设计具有探究性和启发性的问题，创设体验音乐的情境，演唱关键主题音乐，引导学生更好地理解音乐作品。 5. 引导学生结合与作品相关的历史文化背景及自己的生活经验、知识积累去理解作品的内涵和不同体裁的表现形式。 6. 不同题材内容在教学策略的设计上要关注学生认知，与相关学科综合，重视教与学的关系，激发学生的参与。

参考示例
示例一：《1812 序曲》 1. 体裁是艺术作品的式样和类型。柴可夫斯基《1812 序曲》是一首序曲体裁作品，属标题性音乐。柴可夫斯基采用这种体裁写成独立的管弦乐器乐曲，其结构为奏鸣曲式，由序奏——呈示部——展开部——再现部——尾声五部分组成。 2. 题材是艺术作品所反映的社会生活的某些领域、社会现象的某些方面。《1812 序曲》是典型的历史题材作品，以 1812 年俄法两军交战，俄军击溃法军，俄罗斯人民庆祝胜利的历史故事为创作背景。作品富有丰富的人文内涵，从历史背景、历史故事、精神追求各方面都具有很高的艺术价值。引导学生课前收集《1812 序曲》的创作背景、历史文化内涵，增强对音乐的理解与认知。 3. 从音乐的体裁方面、奏鸣曲式结构、音乐的发展线索遵循 1812 年俄法战争的史诗展开，在表现题材内容、音乐体裁和表现手法上具有代表性。 示例二：中国近代音乐体裁 1. 了解中国近代历史的发展脉络，知晓这一时期中国近代音乐作品的发展变化及历史意义，了解不同音乐体裁的作品对其音乐内容的表现作用。 2. 近代音乐体裁多样，总体分为声乐体裁与器乐体裁。 如：声乐作品从学堂乐歌《黄河》到艺术歌曲《问》再到抗战歌曲《黄水谣》；器乐作品有《怀旧》《光明行》《思乡曲》等，传统音乐在近代音乐发展中受到西方音乐的影响，国乐与西乐的结合，开创了近代音乐的新发展。

1.3 欣赏具有代表性的中外优秀音乐作品，感受、体验、了解音乐作品的音乐风格及文化特征，理解音乐表现要素在音乐情感和思想内涵表达中的作用。

学习目标	实施建议
1. 了解音乐要素的构成。 2. 能够用语言描述音乐要素在作品中的呈现特点。 3. 根据音乐要素的变化，感知音乐情感、音乐情境、体裁的变化，加深对作品的理解。	1. 针对各个要素特点，选取有代表性的音乐片段，感知音乐要素在作品中的表现方式和作用。 2. 设计多种可感可知的实践体验教学策略，如画旋律线条、节奏律动等音乐手段，感知音乐要素的特点，用较贴近的语言描述。 3. 引导学生模仿、创作、改编作品中的音乐表现手法，深刻理解音乐要素与情绪、情感、体裁的关系。 可采用对比聆听的方式，选取反差较大的音乐作品供学生聆听，积累鉴赏经验。

4. 通过欣赏不同时期、不同民族的音乐作品，分析音乐要素在代表性作品中的独特特点，总结音乐作品的风格特征。 5. 结合音乐作品的创作背景、时代特点、人文环境等知识，理解音乐作品反映出的文化特征和思想内涵。	4. 通过模唱、模拟、律动、表演等各种手段，感知音乐要素在作品中的动态特点，并发现其不同于其他作品的独特之处，总结音乐风格特征。 5. 在听赏音乐作品之前要介绍作品的时代背景，通过有效设问引导学生带着问题和好奇心去聆听与感受。在欣赏、聆听音乐的过程中，结合时期、国家、民族、体裁多种要素，理解作品中富有特点的音乐表现形式，采用集体讨论方式，理解音乐风格与文化的关系。

参考示例
1. 音乐要素包括旋律、节奏、节拍、力度、速度、和声、曲式等。 2. 旋律：上行、下行、平行、级进、跳进等；节奏：宽松、紧凑、节奏型等；速度：中速、慢速、快速等；和声：柔和、暗淡、刺耳等。 3. 可对比聆听反差较大的乐曲，如情感的变化《松花江上》《快乐的女战士》；场景的变化：《魔王》中叙述部分和魔王引诱孩子的部分；体裁的变化：进行曲、舞曲、夜曲等。 4. 不同时期的作品，如中国古代音乐和近现代音乐，巴洛克音乐和古典主义时期音乐，音乐表现要素随着时代的变化而一直在改进；不同民族的作品，如新疆民歌擅长用切分节奏，蒙古短调表现出规整的节奏。 5. 西方不同时期的音乐流派音乐风格特点与时代背景有很大关系。如浪漫主义时期的音乐音色、和声更丰富，节奏更复杂，转调更频繁，情感表达更突出个人情绪，这与浪漫主义时期对崇尚主观感情、热爱大自然和憧憬未来的理念密不可分。

1.4 认识、了解历史上具有较大影响力的音乐流派及重要音乐发展时期一些音乐家的生平、作品、贡献等。

学习目标	实施建议
1. 通过鉴赏中国不同发展时期的声乐、器乐作品，学生能认识和了解中国具有代表性的音乐流派和作曲家，感受体验作品的风格和文化特征，传承中华民族灿烂辉煌的音乐文化。	1. 可采用“先整后分”的教学策略，引导学生对于不同时期、不同流派音乐的整体了解，再分课时逐步深入了解各时期各流派代表人物、典型作品及其音乐风格表现特点。

2. 通过鉴赏以欧洲音乐为代表的西方优秀音乐作品，学生能认识、了解历史上具有较大影响力的外国不同时期音乐流派，并能说出不同风格流派音乐的基本艺术特征。 3. 学生通过聆听代表性的经典曲目，演唱和记忆经典音乐主题，了解音乐内涵和风格特点，说出中外音乐发展的基本线索，列举各时期的音乐家及其代表作品。 4. 能对音乐风格流派的形成及其与社会、历史、文化、民族、地域等的关系有一定的认识和理解。尊重不同国家和民族的音乐为人类文化发展做出的贡献。 5. 理解和尊重多元文化，认识音乐家在探索音乐的道路上进行创作和创新的贡献，继承和发扬中国音乐。	2. 教学中以“主题欣赏”和“单曲欣赏”相结合，以教材内容为主，适当采用“以点带面”的策略拓展内容、丰富教学，以一个时期的一位作曲家或一首音乐作品为切入点，提升学生对作品的理解和评析能力。 3. 可采用对比聆听的方式，以某两个在音乐表现特点上可比性强的流派音乐对比，将作品置于相关文化背景下进行赏析，以表格形式引导学生感受不同时期、不同流派、不同音乐风格的特点，透析音乐作品的人文内涵和文化特征。 4. 可采用视、听结合方式，选择音质和视觉效果好的音乐辅助教学，合理使用多媒体。 5. 所选作品一定要体现经典性，关注各时期的连续性。

参考示例

示例一：西方音乐发展

西方音乐发展的基本脉络，其风格流派有巴洛克音乐、古典主义音乐、浪漫主义音乐、民族乐派、印象主义音乐及现代主义音乐等六大流派；各时期代表性音乐家有巴洛克时期的巴赫、维瓦尔第等；古典主义时期的海顿、莫扎特、贝多芬等；浪漫主义时期的舒伯特、肖邦、李斯特等；民族乐派的柴可夫斯基、德沃夏克等；印象主义时期的德彪西等；现代主义时期的格什温、勋伯格等。

示例二：中国音乐发展

1. 了解中国音乐发展的基本脉络，认识重要音乐发展时期的音乐家、作品及贡献，如鸦片战争时期前的中国古代音乐；鸦片战争后到20世纪50年代前的近代音乐；60年代后的现当代音乐。代表人物有：学堂乐歌的沈心工、李叔同等；近代时期的萧友梅、赵元任、黄自；近现代的聂耳、冼星海；当代的音乐家施光南、王洛宾等。音乐贡献如：黄自推动了中国近代音乐的发展，尤其在艺术歌曲创作领域，他将西方作曲技法与中国传统音乐中的民族色彩相融合，明确提出“民族化的新音乐”口号，对音乐的发展产生了深远影响；人民音乐家冼星海创作出一系列内容丰富、具有强烈时代精神、感人的民族风格和富有独创性的音乐作品，艺术特色鲜明，开拓了中国现代革命音乐的新局面。他的作品在人民群众中产生了广泛而深远的影响，对我国民族音乐的发展和抗日战争的胜利做出了历史贡献。

2. 音乐作品基本分为声乐和器乐两大类。声乐类有：学堂乐歌、民歌、群众歌曲、艺术歌曲、影视歌曲、歌剧等；器乐类有：古曲、室内乐、交响乐、民乐、各种协奏曲等，根据类别选取经典曲目分类欣赏。

1.5 感受、体验中国传统音乐和世界民族音乐的风格和文化特征，认识、理解民族民间音乐和社会生活、历史文化、民间习俗等的密切关系。

学习目标	实施建议
1. 通过鉴赏、唱、奏中国传统音乐，了解中国音乐的发展线索及不同历史时期重要的音乐成就。 2. 通过聆听不同地域、不同体裁的中外民族民间音乐，分析音乐要素，感受民族音乐各具特色的音乐表现形式及风格特点。 3. 初步认识具有代表性的中外民族乐器，了解乐器形制、音色及演奏方法，从作品中分辨出演奏乐器，感受其独特的魅力。 4. 通过分析中外民族民间音乐的音乐风格和特点，认识、理解民族民间音乐与社会生活、历史文化、地理环境、生活习俗等方面的密切关系。 5. 通过欣赏中国传统音乐和世界民族音乐，能以平等的文化价值观评价不同国家、民族的音乐文化。	1. 聆听中国传统音乐时，通过分析音乐表现特征，唱主题，分辨主题，模仿乐器演奏手法等音乐手段，了解中国音乐各个时期的特点。 2. 聆听音乐时，着重从旋律、节奏、音阶、乐器等几方面区分、学习各民族民间音乐风格特征，通过唱主题、唱音阶、拍节奏、奏乐器、跳基本动作等实践活动加深对世界各国民族音乐的理解。 3. 搜集有关乐器的图片、乐器制作视频、演奏视频等资料，加深学生对形制各异乐器的了解。 4. 鉴赏中外民族民间音乐时，引导学生建构跨学科知识体系意识，搜集相关音乐的地理、历史、文化、生活习俗等多方面人文知识，帮助学生深刻理解不同民族和民间音乐的形式形态。

参考示例
1. 中国音乐发展可按时间划分：中国古代音乐、中国近代音乐、中国现当代音乐。 2. 中国民族民间音乐可分为民歌、传统器乐、戏曲以及民间歌舞与曲艺等，从中了解中国民族民间音乐的不同体裁形式、音乐风格及文化特征。如民歌可按体裁和民族风格欣赏：山歌、号子、小调，蒙古族、维吾尔族、藏族、苗族等；传统器乐可根据器乐合奏类型欣赏：吹歌、江南丝竹、广东音乐等；戏曲可按地区剧种欣赏：京剧、晋剧等；民间歌舞与曲艺可按地方特色欣赏：东北秧歌，东南沿海地区的花灯、花鼓等。外国民族民间音乐从地域角度分为亚洲、非洲、美洲民族民间音乐，从中了解不同音乐文化风格和特色，理解音乐与社会生活、历史文化等方面的关系。 3. 中国古代乐器的“八音”分类：金、石、土、木、丝、革、匏、竹。教师可根据课程安排选取代表性作品欣赏，如埙（土）《哀郢》，编钟编磬（金、石）《竹枝词》，

古琴（丝）《流水》；中国民族民间器乐：吹歌、江南丝竹、木卡姆音乐等常用的特性乐器。如河北吹歌中的管子；江南丝竹中的二胡、琵琶等；广东音乐中的高胡；木卡姆音乐中的热瓦甫、都塔尔等；世界各地区各国的代表性乐器：朝鲜的伽倻琴、日本的三味线、非洲的鼓、苏格兰的风笛等。 4. 欣赏作品时，将作品音乐特点与作品产生的文化背景相联系。如陕北民歌高亢的旋律、自由的节奏与地理环境、生活习俗、方言之间的关系；对比聆听小调音乐，找出音乐形态与地域文化之间的异同；鉴赏非洲音乐，建议不只是分析节奏、器乐等，渗透音乐背后对非洲文化的理解，认知非洲音乐之所以形成独一无二特点的原因；亚洲许多地区如日本、朝鲜等国家的音乐文化和音乐风格与中国传统音乐略有相同，既受中国传统文化影响，又各自融合了民族本土特色。

1.6 在思想性与艺术性相统一的原则下，联系相关艺术或其他相关学科，对接触到的音乐作品或社会生活现象做出恰当的评价及选择。

学习目标	实施建议
1. 能根据音乐经验、社会经验和掌握的相关文化知识，对所鉴赏作品的音乐风格、音乐表现形式和文化内涵等做出初步分析与简要评价。 2. 能够了解音乐与姊妹艺术之间的联系，认识音乐在姊妹艺术中的不同作用。 3. 能够联系其他相关学科，对所聆听音乐作品的音乐风格、文化特征作比较，并进行综合评论。 4. 生活中能根据自己的审美情趣和爱好，选择适宜的音乐进行欣赏，并与他人交流对音乐作品的看法和观点。 5. 能对音乐的基本特征或风格流派及其与社会、历史、文化、民族、地域的关系有一定的认识和理解，用口头交流或书面形式与他人分享。	1. 教师在教学中，应有意识地从学生生活经验和知识积累出发，顺应高中学生求知、探究的学习心理，引导学生通过音乐感知和艺术表现等途径，理解不同文化语境中音乐艺术的人文内涵。 2. 引导学生欣赏与诗词、舞蹈、戏剧、视觉艺术及影视艺术相关联的音乐，让学生感知这些音乐作品的情感内涵，了解音乐与姊妹艺术之间的联系。 3. 音乐教师应主动关注语文、历史、政治、外语等学科与音乐相关的教学内容，恰当地从中取材引例，使学生在不同学科的横向联系中增强文化理解力。 4. 鼓励学生对音乐展开联想与想象，用口头描述、写作诗歌散文等形式，表达鉴赏心得。 5. 教学中结合与作品相关的历史文化背景，创设体验音乐的情景，引导学生更好地理解音乐，领悟音乐的社会意义和文化内涵。

参考示例
1. 结合社会历史等资料，依据《1812序曲》音乐所描绘的写实性的情节意境，体会作品所表达的强烈的爱国主义情感和对世界和平的美好向往，理解其深刻的音乐内涵。 2. 结合历史课程了解西方中世纪、文艺复兴时期、巴洛克时期、古典主义时期、浪漫主义时期、印象主义时期、现代主义时期的历史背景和文化特征，帮助学生更好地认识音乐与时代、社会的关系。 3. 学习民歌过程中，可结合地理、历史、政治等学科了解社会生活、地域环境及民间习俗相关知识，分析总结出不同体裁音乐风格的特点及对音乐表现形式和文化内涵等做出初步分析与简要评价。 4. 认真聆听《大江东去》《孔雀东南飞》及《欢乐颂》三首作品，感受音乐与诗词结合产生的震撼力、感染力，体验音乐与诗词结合的意境美。让学生理解文学的表达方式与音乐要素的结合，提高学生对音乐的鉴赏力，提升学生的音乐审美力。 5. 通过对舞剧《丝路花雨》《白毛女》中部分选段的欣赏，感受中国民族舞剧与芭蕾舞剧的不同风格，理解音乐与舞蹈之间水乳交融的紧密关系。 6. 认真聆听欣赏《斗牛士之歌》和《一抹夕阳》，熟悉《卡门》和《伤逝》两部歌剧的剧情，感知歌剧是怎样通过音乐来刻画人物性格、烘托舞台气氛、推动剧情发展的。

1.7 借助乐谱和音响，演唱和熟悉音乐作品的主题。

学习目标	实施建议
1. 渗透乐理、视唱基础知识，具备识谱能力。 2. 通过反复聆听、模唱等方法熟唱、背唱、记忆音乐主题，把握音准，培养节奏感。 3. 在理解音乐的基础上，引导学生用恰当的音乐情绪演唱、演奏音乐主题，表达音乐情感和意境。 4. 引导学生将课堂知识与生活相结合，积极主动发现身边听到的经典音乐，理解音乐的社会意义，提高学生对音乐的审美能力。	1. 针对课堂内容，设计相关的乐理和视唱知识点，掌握节拍、音高、节奏等音乐知识技能。 2. 设计音乐活动，如画旋律线、身体律动、乐句问答等活动形式，加强学生对旋律的记忆，对有特点或有难度的旋律片段进行慢速练习，培养学生的音乐视唱和听觉能力。 3. 关注乐曲演唱、演奏的速度、力度及相关表情记号，准确表达音乐作品的情绪情感。 4. 日常生活中培养聆听习惯，关注经典音乐在生活场景、电影电视、视频资料中的应用。

参考示例
1. 通过分析作品的音乐要素理解情感表达，抓住重点音乐特征。如《松花江上》，附点八分音符的准确演唱、下行音阶的音准及力度把控；陕北民歌中唱准四度音程；山歌中散拍子如何表现；古典主义时期的规整乐句的演唱等，结合作曲意图渗透音乐基础知识，力求学生掌握音乐基本技能、准确表达音乐情感。 2. 搜集生活场景中的经典音乐，如电影、茶馆、咖啡厅等不同场合，养成随时随处聆听音乐的好习惯，有一定的音乐审美鉴赏力，并能哼唱、记忆感兴趣的主题旋律。

1.8 运用现代信息技术搜寻和积累音乐资料，欣赏音乐。

学习目标	实施建议
1. 学生能够运用现代信息技术，围绕指定专题或自选专题搜集相关文字、乐谱、图片、音视频等资料进行研究性学习，开展互动交流。 2. 学生能运用现代信息技术搜寻和积累音乐资料，选择适宜的音乐进行欣赏，并结合所学知识与他人探讨、交流音乐作品的风格特点和文化特征。 3. 学生能运用现代信息技术软件辅助学习，更加生动、直观地理解音乐，表现创造音乐。	1. 教学中，教师可以利用现代信息技术和网络资源，营造信息化音乐教学环境，构建信息化音乐教学平台。 2. 教学中应善于引导学生合理利用视听结合的现代教育技术，积极开发和利用基于移动互联网的学习平台，多渠道、多感官获取文化信息，拓展文化视野，增进文化理解素养。 3. 建议教师注重教材中的“听赏参与”，与教学内容有关的知识，可以让学生自己到网上或者图书馆等去查找，进而讨论交流，做到资源共享。 4. 巧妙地运用 MIDI、TT 作曲等现代技术软件来辅助学习。
参考示例	
1. 音乐作品的创作离不开社会的发展。聆听一首音乐，通过网络平台搜集相关的创作背景、地域文化和作曲家的生平、性格、创作特点等诸多资料，有助于学生深层次理解感受作品情感。如查阅中国近代音乐发展的历史背景，理解音乐由学堂乐歌到艺术歌曲再到抗战歌曲的演变。 2. 搜集相同或不同时代、地域、风格、作曲家的作品对比聆听，拓宽视听视野。	

3. 借助于可观性强的美术图片、建筑物和视频资料，帮助感知音乐内涵。如云南民歌《小河淌水》，在学生把握了歌曲的音乐要素之后，教师可通过多媒体介绍云南弥渡的地理概况，弥渡的自然条件形成了弥渡“唱歌水应声，隔山听得见”的人文景观，也养成了“唱山歌、对调子”的自娱习俗，从而更加理解地域、民俗风情与音乐风格之间的关系。再如，讲解印度音乐引入“拉格细密画”，其对拉格色彩的直观表现，可以引导我们对音乐色彩与情感有更深的理解。

4. 巧妙地运用 MIDI 和 TT 作曲软件来辅助教学，把各个旋律先用 TT 编辑起来，上课时再用 MIDI 设备任意地选用各种乐器。如：讲解印度音乐时，让学生可以利用 MIDI 键盘与软件音色，当场进行印度风格音乐的即兴创编，在这种切身体验中，激发学生对印度音乐的学习兴趣与探究热情。

案例：音乐鉴赏教学

（执教教师：马燕）

课题：《音响的感知》

教学目标

1. 通过聆听器乐曲《我爱你，中国》，女声合唱《山在虚无缥缈间》，器乐曲《弥渡山》，知晓乐曲中音色、速度、力度、节奏、结构等音乐要素的运用与发展变化，并分析探讨作曲家如何运用音乐表现要素表达作品的情感和意境。

2. 通过模唱或演唱《我爱你，中国》和《弥渡山》的主题旋律，进一步感知作品中的主题旋律是如何发展变化的。

3. 通过聆听赏析三首作品，引导学生建立正确的聆听观，培养良好的聆听习惯，在聆听中学生能够运用所学知识准确感知作品表达的情感意境。

教学活动过程

（一）导入

教师演唱歌曲《我爱你，中国》的主题旋律，让学生了解、回忆并熟悉主题旋律。

【设计意图】

熟悉主题旋律，有助于学生在全曲聆听中划分曲式结构。

（二）欣赏管弦乐曲《我爱你，中国》

1. 通过教师唱主题旋律，引出《我爱你，中国》的简介

歌曲《我爱你，中国》是瞿琮作词，郑秋枫作曲，叶佩英原唱的一首爱国主义歌曲，是 1979 年电影《海外赤子》的插曲。歌曲唱出了海外游子对祖国的眷念，表达了对祖国的无限深情。2019 年 6 月 17 日，该曲入选中宣部选出的“庆祝中华人民共和国成立 70 周年优秀歌曲 100 首”。教材中聆听欣赏的《我爱你，中国》为董乐弦改编的管弦乐版本。

【设计意图】

管弦乐曲《我爱你，中国》作为音乐鉴赏模块的第一首乐曲，有着深远的意义。旨在引导学生感知各种乐器音色对情感的不同表现力，通过音乐情感的对比和变化，激发学生对祖国的热爱之情，树立民族自豪感。因此在聆

听前学生需要熟知作品的创作背景以及创作此作品的艺术家。

2. 全曲聆听

教师：主题出现了几次？（主题出现时教师给予学生提示）

学生：三次。

教师：每个主题是连续进行的吗？

学生：不是，主题前或后还有不同的音乐。

教师：同学们听得很仔细。从音乐结构看，乐曲最开始，音乐主题出现前的这一段音乐叫什么？

学生：引子。

教师：和引子对应的结构是什么？它出现在什么地方？

学生：尾声，出现在乐曲的最后。

教师：音乐主题之间的音乐叫什么？

学生：间奏。

师生总结：这首乐曲的结构是，引子+主题 1+间奏+主题 2+主题升华+尾声。

【设计意图】

引导学生在接下来的分段听赏中有重点地聆听。

3. 分段聆听——引子

教师：结合初中有关管弦乐编制的音乐知识，思考演奏引子的乐器属于哪个组别？

学生：乐器材质主要为金属，以吹奏为主，属于铜管组。（教师展示铜管组乐器）

教师：结合引子谱例，说出旋律有什么特点？主干音有哪些？

学生：旋律呈上行趋势，主干音多用 do、mi、sol，是大调色彩。

教师：根据以上分析，引子旋律具有怎样的情感色彩？

学生：激昂，具有很强的号召力。

【设计意图】

引导学生了解引子旋律号角式的大调式色彩，认知铜管组乐器色彩与音乐情绪的关系。

4. 分段聆听——主题 1

教师：与引子部分对比，主题 1 的乐器变成了什么？音色有什么变化？

学生：由铜管合奏变成了弦乐主奏，音色柔和、细腻，有很强的歌唱性和感染力。

教师：主题音乐1表达了怎样的音乐情感？

学生：海外游子对祖国无尽的思念和发自内心深处的热爱。

音乐实践：学生分组讨论近几年祖国发生的大事件，说说自己热爱祖国的事例，激发学生的爱国情感。用“哼鸣”模仿弦乐器的音色，富有感染力地模唱音乐主题。

【设计意图】

让学生感受音乐情绪和乐器音色之间的关系，积极调动学生情感与音乐达成共鸣。

5. 分段聆听——主题升华

教师：与主题1对比，旋律和情绪是否有变化？其变化在哪里？

学生：主题旋律没有变，与主题1的旋律一样，情绪发生了改变。

教师：为什么会有这样的听觉变化？

学生：乐队配器发生了变化，铜管组、弦乐器、打击乐器同时出现，并且加入了人声合唱。

教师：这段是主题升华，较之主题1的深沉、优美，这段音乐更加地磅礴有力，雄浑激昂，激发出每个中国人的爱国热情。

【设计意图】

让学生感受音乐情绪会随着配器的改变而发生变化，同一旋律配器不同会产生不同的音乐情绪。

6. 小结

	引子	主题1	主题升华
音乐色彩	激昂、奋进	优美、深情	辉煌、壮丽
配器	铜管组	弦乐组	管弦乐队+人声

《我爱你，中国》这首乐曲中，引子和主题部分进行对比、交织，音色绚丽多彩，加入人声，大大扩展了音乐的表现空间。乐曲前面部分，用不同的音色表现对祖国的情思，后面高潮部分以乐队全奏为主，雄浑激昂，让聆听者对祖国的热爱之情和自豪感油然而生。

（三）欣赏《山在虚无缥缈间》

1. 全曲聆听

教师：与《我爱你，中国》相比，《山在虚无缥缈间》的音乐情绪发生了怎样的变化？

学生：朦胧、空灵、清新幽静。

【设计意图】

通过对比聆听，引导学生思考音乐情绪发生变化的原因。

2. 分段聆听——主题 1

教师：《山在虚无缥缈间》的演唱形式是什么？

学生：女声合唱。

教师：全曲伴奏乐器是什么？

学生：钢琴。

教师：女声是否同时唱一个主旋律？女声音色是否相同？

学生：除了主旋律，还有其他旋律依次出现，错落有致；不同的女声音色唱不同的声部。

教师：对，这是一首女声三声部合唱。分别有女高音、女中音、女低音。女高音声部特点是头腔共鸣多，清亮柔美，中、低音声部则是胸腔共鸣多，低沉浑厚。（引导学生体验头腔共鸣和胸腔共鸣的不同）

教师：再次聆听，关注钢琴在这首乐曲中的音色特点。

学生：音色干净、柔和。

教师：清澈的女声与柔和的钢琴使音乐的意境清新幽静。

【设计意图】

让学生感知音色是决定音乐情绪的一个重要因素。

3. 分段聆听——主题 2

教师：跟随音乐，带领学生找出三个不同的音乐旋律，跟随不同的声部感受音乐旋律线条的走向，说出听觉体验。

学生：三个音乐旋律错落有致，此起彼伏，若隐若现，营造出虚无缥缈的仙境。

【设计意图】

音乐的表现力不是单一的，通过多种音乐手段塑造不同的音乐感觉。

4. 小结

作曲家在《山在虚无缥缈间》中采用丰富的音乐表现手段塑造虚无缥缈的意境。如用清澈、轻柔的女声音色衬托蓬莱仙岛的清新幽静；运用复调织体使各个声部此起彼伏、连绵不断，表现仙女们在云雾弥漫的山上随歌起舞；整曲用纯净柔和的钢琴作为伴奏，描绘出一幅美轮美奂、一尘不染的仙境图画。

（四）赏析器乐曲《弥渡山》

1. 全曲聆听

思考：根据你听到的旋律、速度等音乐要素，全曲可以分为几个部分？

【设计意图】

用对比的聆听方式分析结构。

2. 分段聆听——主题1

思考：

＊你听到了几种主奏乐器？（展示乐器图片让学生对号入座）

＊展示小提琴的旋律，提示学生此段旋律是主旋律的变化。

＊主旋律第一遍时，由哪些乐器演奏？什么顺序演奏的？

＊主旋律第二遍时，由哪些乐器演奏？什么顺序演奏的？

＊作曲家这样安排乐器出场的意图是什么？

3. 分段聆听——主题2

	主题1	**主题2**
旋律	欢快、跳跃	悠扬
节奏	紧凑	松散
速度	较快	慢速
演奏乐器	琵琶、小提琴、笙	巴乌
表现场景	独舞、对舞	休闲、放松

4. 分段聆听——主题1再现

	主题1	**主题2**	**主题1再现**
旋律	欢快、跳跃	抒情、悠扬	与主题1相似
节奏	紧凑	松散	紧凑

速度	快	慢速	加快
演奏乐器	琵琶、小提琴、笙	巴乌	合奏
表现场景	独舞、对舞	休闲、放松	群舞

【设计意图】

分析主题1作为重点，帮助学生找出相关的音乐要素，主题2再现用对比聆听的方式让学生一听便心领神会。

5. 小结

《弥渡山》乐曲结构：A（主题1）+B（主题2）+A′（主题1变化再现）。

旋律、节奏、速度、演奏乐器是音乐作品中的语言，它们是我们聆听音乐、赏析音乐的主要工具，以此了解音乐的情绪和表达的情感。接下来，我们运用这些音乐要素来体验不同的音乐。

（五）音乐实践

教师示范：选取《弥渡山》主旋律，改变速度和节奏换成另一种曲风，启发学生运用音乐要素改编所熟悉的旋律。

例如：《两只老虎》改编成优美的摇滚曲风。

【设计意图】

让学生进一步了解音乐要素对音乐情绪起着决定性的作用。

（六）音乐欣赏拓展

视频：《音乐的颜色》。

【设计意图】

可以激发学生聆听音乐的兴趣。

（七）总结

通过对三首乐曲的聆听和鉴赏，我们了解了音乐作品选取恰当的音乐要素，对音乐氛围的营造起着重要的作用，我们才能从音乐中感受到作曲家表达的情感，并产生丰富的联想与想象。音乐要素是音乐的语言，作曲家将它们智慧地结合在一起，让我们的耳朵才会有视听盛宴！从本节课开始我们将开启音乐鉴赏之行，逐步积累鉴赏音乐的经验，培养良好的聆听习惯，感知丰富音响带给我们的不同体验。

必修 2　歌唱

歌唱是以人声为媒介表现音乐、抒发情感的艺术形式，是培育学生艺术表现素养的重要途径。歌唱模块的教学包括声乐相关知识及合唱、重唱、独唱等多种内容和形式，学生通过鉴赏和演唱优秀声乐作品，激发歌唱兴趣，学习歌唱方法，积累歌唱经验，增强合作意识，体验声乐的艺术感染力和情感表现力。

【内容要求】

2. 1 了解不同题材、风格、形式的声乐作品及相关知识，感受人声的艺术表现力与美感。

学习目标	实施建议
1. 欣赏经典的声乐作品，提高对中外声乐作品的鉴赏分析能力，增强对声乐作品探究的兴趣。 2. 理解歌曲的题材及风格，充分发挥声乐的整体形象理解，掌握并积极参与实践演唱，体会声乐作品的艺术效果。 3. 了解不同形式的声乐作品，知晓音色、声部、唱法、形式的不同，认识作品在表演过程中对于情感的丰富表达，感受人声的艺术表现力。 4. 学习声乐相关知识，理解声乐作品蕴含的民族情怀、时代特征、文化内涵，弘扬中华优秀传统文化。	1. 根据声乐作品的不同题材、形式和内容开设不同门类的专项声乐作品欣赏课程。 2. 依据声乐作品自身的艺术特点和内容形式，合理、有效地进行教学设计，强化学生音乐学科核心素养。 3. 针对声乐艺术的特点，课内课外实践活动相结合开展教学，不单一强调歌唱课程的技术性，避免因声乐教学过于专业化和技术化而导致晦涩难懂，从而使学生失去学习兴趣。 4. 歌唱教学初期，以鼓励为主，保证学生有足够的自信与兴趣，为之后的歌唱教学奠定基础。

参考示例
1. 课上增加探讨和体验环节，聆听学生对作品的感受，采用师评、生评、互评来提升学生的信心，促使其愿听、善思、敢唱，进而提升审美认知。 2. 根据不同的音乐内容采取不同的教学模式。例如：《中华人民共和国国歌》采用齐唱形式进行教学实践，《卡农歌》采用轮唱形式进行教学实践。在欣赏过程中，可以通过现场演唱的方法，促使其更好地理解其中韵味。 3. 通过演唱的方法进行练习，例如：对歌唱中的呼吸、共鸣、咬字等方面的强调，既可以提高学生的演唱能力，加深对音乐作品的理解，又能增进学生之间的配合能力，从而提高学习效率。 4. 加入实践性的教学环节，例如：对单声部旋律进行二部轮唱实践；运用歌曲中起承转合的创作手法进行旋律创作等，让学生通过自己的创作和训练加强对音乐作品的理解，积累实践经验。

2.2 参与合唱、重唱、独唱等实践活动，在歌唱中学习并逐步掌握歌唱的基本方法与技能。

学习目标	实施建议
1. 体会合唱、重唱、独唱三种演唱形式，能积极主动投入演唱实践活动。 2. 在独唱学习过程中，树立科学的发声观念，培养良好的歌唱习惯，提高歌唱水平。 3. 学会把握歌曲风格，在合唱、重唱等集体演唱活动中学会聆听、共融，提高团队协作能力。 4. 学会并运用正确的歌唱姿势、呼吸方式、发声方法、咬字吐字和情感表达等，树立正确的歌唱观，提高自身歌唱能力。 5. 通过音乐感知和艺术表现等途径，理解不同文化语境中声乐艺术的人文内涵。	1. 用音乐语言分析作品，歌唱实践环节是重点，紧抓音乐本身开展教学。 2. 引导学生把握歌唱的主体性，在歌唱实践中始终贯彻正确的歌唱理念和方法，运用通俗易懂的语言，进行科学的声音训练，树立正确的歌唱观。 3. 在演唱实践活动中，创设与歌曲表现内容和情感相适应的教学情境，在学生对作品有一定认知后再进行歌唱实践学习，激发学生的歌唱兴趣，启发学生有情感地演唱。 4. 引入思政教育，引导学生深入学习，分析其显现的社会价值、艺术价值和文化内涵等，在理解的基础上，激发社会责任感。

参考示例
1. 根据歌曲特点，采用不同的演唱形式学唱。例如：《打靶归来》适合采用齐唱形式，《对花》适合采用对唱形式，《回声》适合采用合唱形式，仔细聆听、分析比较声乐作品的音色、音量、力度、表现力之间的差异，根据歌曲的艺术形象选择适合的演唱形式展开歌唱实践。 2. 多声部的学习在教唱环节为歌曲加伴唱声部。例如为歌曲配置简单律动声部；在高声部长音处加入衬字或衬词；为歌曲配引子和加尾声；对简单的歌曲进行轮唱编排等，进而体会多种声部的魅力。 3. 注重对学生听觉的训练。例如结合教材内容，进行多声部节奏声势律动训练，常见适用于律动的歌曲有《踏浪》《思念》《踏雪寻梅》等。在错落有致的多声部节奏声中，锻炼学生的多声思维和多声听觉。

2.3 在独唱中，深入理解作品的风格及表现要求，并依据自己的声音特点，自信而有表现力地歌唱。

学习目标	实施建议
1. 能积极主动参与歌唱实践活动，能够运用歌唱的不同形式表达个人的情感。 2. 在歌唱实践活动中，赏析优秀声乐作品，理解歌曲体裁及风格，学习声乐的相关知识。 3. 养成良好的歌唱习惯，重视歌唱姿势、呼吸方法、歌唱发声、咬字吐字、节奏音准等方面的要求，使歌唱技能的学习和训练循序渐进地融于歌唱实践中。 4. 掌握1—2首熟悉的声乐作品。依据自身声音特点，自信而有表现力地演唱。	1. 引导学生参与演唱实践可先从尝试独唱开始，并对不同体裁、不同形式和不同风格的作品深入理解。 2. 教师在教学过程中，用鼓励和歌唱示范化解学生的学习困难，帮助树立自信心，增强学生参与演唱实践的学习动力。 3. 通过观摩、独自练习或小组合作等方法，巩固演唱技巧，提高演唱水平，从而发掘演唱乐趣。 4. 根据学情因材施教，针对歌唱基础参差不齐的情况，鼓励其继续学习、提升，并给予展示的机会，将歌唱学习常态化、持久化。

参考示例
1. 选择学生感兴趣的易于歌唱技巧实施的优秀声乐作品进行教学实践。例如：《送别》《茉莉花》《星星索》等，促进呼吸方法、歌唱发声、咬字吐字等技巧的掌握。 2. 感受不同的演唱方式。通过运用美声发声方法学唱《花非花》《滚滚长江东逝水》等作品，感受音质圆润饱满，音色华丽流畅；运用民歌的发声方法学唱《乌苏里船歌》《半个月亮爬上来》等作品，体会“字清”“韵正”的声音效果。 3. 请有一定歌唱基础的学生进行范唱，有钢琴演奏基础的同学进行歌曲伴奏，使学生长项充分发挥，同时挖掘其自弹自唱的能力，在现有水平上继续学习与提升。

2.4 在重唱中，独唱承担一个声部的演唱任务，并能与其他声部默契、和谐地合作演唱。

学习目标	实施建议
1. 学会选择参与不同形式和不同水平层次的演唱实践活动，难易适度。 2. 加强音准、识谱的练习，锻炼听觉能力。 3. 学会用正确自然的方法演唱，避免喊唱，并可以自信承担一个声部的演唱任务。 4. 通过自我学唱，小组合作，二声部模唱，能与其他声部默契、和谐地合作演唱，为多声部学习打好基础。	1. 引导学生对自身声音条件有客观的认识，并选择适合的声部进行演唱。 2. 培养学生音准、识谱的能力，加入二声部的听觉训练，尝试加入其他声部进行合作演唱。 3. 师生配合完成各声部的学唱，鼓励学生克服学习多声部的畏难情绪，激发学习动力。 4. 鉴赏优秀经典多声部作品，鼓励学生学唱各个声部，弱化主旋律声部主导性，树立多声部并行概念。
参考示例	
1. 鼓励独唱能力较好的学生进行多声部学唱，发挥其音准优势，在各声部起到带领作用。例如：一部分同学学唱熟练后尝试与其他同学轻声合唱，让同学们感受到不同但和谐的声音。随后教唱本组同学，最后全班完成多声部合唱。 2. 进行重唱教学时，让有基础的学生先行学习，在课上进行作品示范。鼓励学生进行二声部合唱实践，乃至三声部、四声部的实践，指导学生学习如何相互倾听。 3. 让学生聆听、观摩殷秀梅、廖昌永、雷佳、吴碧霞等歌唱家的优秀范唱，独唱与重唱练习从模仿开始。 4. 树立多声部学习概念，初期选择内容浅显、旋律动听、特色鲜明的作品。例如：二部合唱《阿宝山的姑娘》、多声部合唱《保卫黄河》等。	

2.5 掌握合唱的基本技巧，积累多声部演唱的经验。在合唱中，能够倾听其他声部的声音，在音准、音量及音色等方面保持声部间的和谐与均衡。理解作品的艺术内涵和表现要求，能对指挥的动作做出恰当的反应。

学习目标	实施建议
1. 了解合唱作品的声部特点、演唱技巧，掌握合唱基本技巧，积累合唱经验。 2. 在合唱中，能够倾听其他声部的声音，正确处理音量、速度、音色与作品的关系，并保持声部间的和谐与均衡。 3. 掌握合唱相关知识，理解作品的艺术内涵和表现要求，使演唱的情绪与音乐风格相吻合，为作品整体效果服务。 4. 能对指挥的动作做出恰当的反应，把握作品速度快慢、力度强弱、情绪转换等，体会合唱作品的丰富内涵和情感。	1. 合唱教学可以从轮唱和简单的二声部开始，逐步过渡到声部合作。 2. 在训练中强调规范的发声练习，结合合唱发声的呼吸训练、独立性训练、协调性训练、共鸣器官的运用以及咬字吐字等各环节的训练，对发声实践加以理论总结，使学生掌握合唱发声训练的基本方法。 3. 注重合唱音色的变化，丰富合唱声部的音乐表现能力，引导学生充分体验合唱作品。 4. 教师要规范自身的指挥手势，引导学生对指挥手势做出正确的理解和反应。
参考示例	
1. 合唱是多声部音乐，各声部都应具有演唱的独立性。合唱前，先分声部练习，注意音准、节奏，在熟悉各声部后，与其他声部完成合作。 2. 重视合唱中歌唱共性的运用，对合唱均衡和谐有灵敏的反应，要互相倾听合唱整体音响，使自己的声音与其他声部相融。例如排演《黄水谣》，作品第一部分为两个声部，女高音为主旋律，力度上应以女高音声部为主，女低音声部为辅。 3. 在学生对歌曲理解的基础上，注重情感与音色的匹配，强调演唱气息的连贯，注意音准和力度的变化，达到声音和谐、均衡、统一。例如民歌合唱《凤阳花鼓》，演唱时不能一味强调演唱技巧，更要注意腔韵的地域特色，歌曲中装饰音、重音的演唱处理。	

2.6 具备识谱能力，较熟练地运用乐谱学唱歌曲。

学习目标	实施建议
1. 认识到识谱对于歌唱学习的重要性，具备一定的识谱能力，认识常用的音乐记号。 2. 掌握正确的视谱方法，熟悉歌曲中的拍号、调号、调式、节奏、曲调等音乐要素，对能力范围内的歌谱进行视唱。 3. 尝试演唱各类歌曲，在一定乐谱理论知识基础上，增强学习歌唱的信心，奠定良好的音乐素养基础。	1. 通过讲解，使学生理解乐谱是学习音乐的基本工具，以及掌握读谱能力的重要性。 2. 教会学生正确的识谱方法，重视在读谱视唱过程中详细分析歌曲的调号、拍号、调式，选择合适的音区演唱。 3. 根据学生的接受能力，安排适合的曲目进行训练。有计划地在课前、课中、课后进行识谱能力的训练，注意由易到难，循序渐进。 4. 教师在引导学生识谱时，需整合教学内容，优化教学环节，引导学生体会音乐作品的韵律和情感表达。

参考示例
1. 课堂中运用以熟带新、激发兴趣，巧填歌词、旋律新创等手段，提高学生识谱能力，创设愉快的教学氛围。 2. 根据学生实际情况选择使用简谱、五线谱。五线谱可以用首调唱名法和固定唱名法。认识常用的音乐记号，如力度记号和速度记号等。 3. 通过示范、提问、游戏活动、分组讨论、艺术表演等，活跃课堂气氛，保持良好的求知状态，获得充分的情感体验。

2.7 能对所唱歌曲的风格特点、情感和意境等进行初步分析，并对自己、他人或集体的演唱做出较为客观的评价。

学习目标	实施建议
1. 通过鉴赏不同题材、风格的经典歌曲，初步分析歌曲的风格特点、情感和意境等，感受并探究作品音乐要素特点。 2. 通过对声乐作品的力度、速度等艺术处理，塑造歌唱的艺术形象和思想内容，完整表现作品风格，并在实践歌唱表演中运用。	1. 把控好作品的速度、力度、节奏和各部分的情绪及意境，完整地表现出作品的音乐风格和情感。 2. 通过举办各种类型的音乐活动，为学生提供歌唱的表演机会，使学生积累表演经验，增强自信心。

3. 学会在课堂中对自己、他人、集体的演唱做出较为客观的评价，懂得自我认同和自我反思，达到自我调整、改善学习的效果。 4. 能运用现代信息技术搜寻和积累声乐作品资料，选择适宜的声乐作品进行欣赏，并结合所学知识与他人探讨、交流音乐的风格特点和文化特征。	3. 在课堂教学中，对学生的学习行为进行正确、客观、恰当的评价。让学生的每一步尝试都能获得成就感，从而投入更多的学习热情，使每个学生都有不同的提高。 4. 通过“多元评价”促使学生发挥各自优势和潜能，最大限度地激发歌唱学习兴趣、艺术表现及文化理解能力。

参考示例

1. 聆听不同艺术风格和表现形式的声乐作品，听辨和背唱所学作品的部分音乐主题，选择适宜的声乐作品进行欣赏，对音乐形式与表现内容的关系能有意识地进行探究。例如中国传统民族音乐《阳关三叠》、经典音乐作品《欢乐颂》、经典音乐剧《猫》主题曲《回忆》等。
2. 依据学业质量水平进行评价，采用演出展示、歌唱实践、卷面答题、声乐作品鉴赏等评价类型。
3. 在师生共同讨论的基础上确定学生感兴趣的学习内容与任务，让学生愿意参与学习，课堂评价关注学习本身。
4. 让学生了解并学习贯穿于学习始终的“自我评价”技能。指导学生正确使用评价方法，鼓励学生主动并客观地评价学习。例如让学生用“音乐成长记录册”形式进行学习记录，以描述性评价为主，记录每个学习阶段的长处、不足与收获等，从不同阶段的比较中看到自己的进步，促进自我反思，逐渐明确学习方向。
5. 教师给出评价标准和使用方法，确定有效的策略与规则支持学生的互评和自评。例如综合采用日常学习表现评价和模块学业质量评价两种模式进行，日常学习表现评价重在考查学生的学习态度和实践表现是否积极，模块学业质量评价采用观察、提问、记录和聆听并辅以笔试等形式进行评价。此外，学生平时参与校内外艺术展演或赛事以及社区音乐活动等实践活动取得的成绩，也可作为依据纳入对学生的整体评价。

案例：歌唱教学

（执教教师：王琳）

课题：琴歌《阳关三叠》

教学目标

1. 聆听《阳关三叠》，了解琴歌知识，探究作品音乐要素，体验音乐情绪，感受古曲意境。

2. 能运用歌唱咬字吐字技巧，准确、生动地演唱《阳关三叠》主题旋律，掌握歌唱的发声方法。

3. 通过演唱琴歌《阳关三叠》，了解古代音乐文化背景，增强对我国优秀传统音乐文化的热爱，树立家国情怀。

教学活动过程

（一）导入

1. 播放琴歌《阳关三叠》

教师：歌曲的名字《阳关三叠》，是唐代一首著名的琴歌，其歌词原是王维的七言律诗《送元二使安西》，描写了王维送别即将远赴西北边疆的好友元二时的情景。

教师范唱《阳关三叠》。

教师：同学们，这首琴歌表达了怎样的情绪、情感？

学生：歌曲的情绪是忧伤的，表达了友人离别之情。

【设计意图】

开门见山，熟悉音乐主题，初步感受歌曲的离别之情。

2. 琴歌简介

出示课件：古时抚琴而歌图片。

教师：琴歌，即抚琴而歌，是中国古琴艺术的重要表现形式之一，是诗词与音乐相结合的艺术。古琴音韵悠长、清越古雅的声音特征，配以对古诗词的低吟浅唱，有丰富的艺术感染力。

琴歌《阳关三叠》因诗中有“阳关”与“渭城”两个地名，所以也叫《阳关曲》或《渭城曲》。原诗饱含深沉的惜别之情，谱入琴曲后又加了一些词句，更加强了琴曲中惜别的感觉。这节课让我们一起走进琴歌《阳关三叠》，在音乐中体会古人依依惜别之情，用声音诠释诗乐之美。

【设计意图】

把古琴与诗词结合起来讲解，为后面琴歌的学唱做铺垫。

（二）琴歌欣赏

1. 分析音乐要素

教师：复听琴歌《阳关三叠》的主题旋律，欣赏时结合歌曲谱例，思考表格中提出的问题，欣赏后交流。

师生交流，完成音乐分析。

琴歌《阳关三叠》					
结构	旋律	节奏	速度	力度	情绪情感
上阕	以级进为主	平稳规整	中速	中强	送别友人依依不舍的离别之情
下阕	八度大跳下行	舒展紧凑	中速	强渐弱	更富有激情，对友人无限留恋的真挚情感

2. 完整聆听，当听到熟悉的主题时，请你哼唱出来。

教师：相同的主题旋律共出现了几次？是简单的重复吗？

学生：共听到三次相同的旋律，基本上用一个曲调作变化反复叠唱三次。

教师：歌曲情绪层层递进，相同的旋律变化反复叠唱三次，故称“三叠”。每一叠均为二段体结构，今天我们学唱《阳关三叠》的第一叠。

【设计意图】

通过划分乐句、画旋律线的活动分析主题音乐旋律进行的特点。通过环环相扣的问题设计，引导学生从感性欣赏逐渐上升到理性分析。

（三）琴歌学唱

1. 随古琴曲《阳关三叠》音乐朗诵王维的诗。

朗诵要求：

（1）吟诵式朗诵读出诗的韵味。

（2）按歌曲的节奏去读。

教师引导讲解：歌曲用一个只有两小节的动机作为前奏，一开始出现就在低声区，是有意在模仿古琴低沉、古朴的音色。弱起小节的节奏安排，打破了一般在强拍起音的作曲风格，增强了作品的动力性及抒情性。

【设计意图】

回归感性体验，在熟悉旋律的基础上朗诵诗词，加深对音乐主题的听记，进一步体会乐曲的情感，尽量达到与作者感同身受。

2. 教唱《阳关三叠》主题旋律。

（1）视唱旋律。

①要求：演唱时注意歌唱姿势、歌曲速度、歌曲节奏，打着节拍一起演唱。

教师右手弹奏单旋律，左手打拍子，并观察学生演唱。

②注意每一乐句的换气。

教师弹奏旋律，学生按要求完整演唱旋律。

【设计意图】

培养学生识谱能力，较熟练地运用乐谱学唱歌曲。使学生对歌曲有较准确的把握，为演唱做铺垫。

（2）分析旋律特点，学生记忆旋律。

①演唱上阕旋律，出示该段曲谱。

教师：这段旋律第一乐句句尾与第二句句尾有什么特点呢？

学生：旋律相同。

教师：还有相同的旋律吗？

学生：第一乐句与第四乐句旋律完全相同。

教师小结：上阕是典型的七言绝句，四个乐句基本等长，歌曲第一、二、四乐句都结束在 re 音上，即终止于商音，完美诠释了歌唱的“起、承、转、合”。

学生尝试背唱上阕乐段旋律。

②演唱下阕旋律，出示该段曲谱。

学生演唱第一遍。

分析第一乐句八度大跳音程，对比两个八度的演唱时值。

要求：大跳音程要唱准确，同音连线 la 音的时值为二拍半。两个八度的演唱中间不换气。

学生演唱第二遍。

分析第二乐句附点四分音符的演唱时值。

要求：附点四分音符 mi 音的后半拍有推进感，这样接八分音符 do 音时才会更流畅。

教师小结：下阕是后代文人在原诗的基础上填写的长短句词，与上阕的七言绝句句式结构大相径庭，气息局促，顿挫频频，与原诗间既有一定的统一又存在差异，更增添了惜别之感。

（3）用“LU”音唱旋律做发声练习。

教师提示学生歌唱姿势、发音位置、气息、共鸣等。教师弹奏旋律学生演唱。

【设计意图】

在歌唱学习中逐步培养学生掌握歌唱的基本方法与技能，树立科学的发声观念，培养良好的歌唱习惯。

（4）填词演唱。

①学唱上阕。

教师范唱，学生学唱，感受歌曲情感。

A. 体验句尾韵味。

教师范唱不同情感表达的句尾，学生进行对比，找出更有韵味的情感表达。

教师：“尘”字两拍时值不仅要唱满，还要注意演唱语调跟朗诵音调相同，要有一唱三叹的感觉。

学生体验演唱。

B. 逐句演唱，找出各乐句中的重点字。

教师：第一乐句要注意“渭、浥、尘”字。“渭”字附点节奏更要强调把声音送出来。

第二乐句要注意“客、青、柳、新”字，附点节奏和前十六后八节奏要唱准，旋律音调的上扬使情绪激动，演唱时注意咬字声音要连贯，句尾音要唱饱满。

第三乐句旋律下行使情绪低落，更增添了不愿离别之情，演唱注意“一、杯、酒”时值要唱满，要有感叹的感觉。

第四乐句演唱时伤感离别惆怅之情更加深重。要注意附点八分音符“西”字的演唱，“阳关”二字的声音要送出来，“无、故人”要唱连贯，声音推出来。

学生逐句学唱。

C. 完整演唱上阕，要求歌唱的气息、声音连贯流畅。

教师：这段旋律进行以级进为主，演唱乐句时最好不要换气，连贯流畅地演唱，能使音乐情绪平稳柔和、富有深情，从而营造离别气氛。

教师弹伴奏，学生演唱上阕乐段。

D. 小结上阕乐段情感。

教师小结：上阕乐段均以王维原诗为唱词，每一句句尾旋律同音进行，仿佛有嘱咐之意，相同音模仿了古琴泛音效果。诗文构思精巧，离愁别绪真实感人。

②学唱下阕。

A. 第一乐句，掌握八度大跳演唱。

教师：这一句两次出现歌曲最高音，形成全曲高潮。歌曲也随之进行到一个紧凑激烈的状态。仿佛作者已经看到友人前去路途的艰险，表达了诗人激动的心情。演唱两个“遄行”之间不要换气，演唱力度要渐强，注意气息、咬字、时值唱满、声音连贯地送出来。

学生学唱。

B. 第二乐句，分析歌词情感，进行力度处理。

教师：该乐句情感的表达在什么音乐要素上体现得更明显？有什么变化？

学生：力度变化，先渐强在结尾处渐弱。

教师：“历苦辛，历苦辛，历历苦辛宜自珍”声声低诉，不绝于耳。演唱力度由渐强进行到渐弱，咬字要饱满，声音要连贯抒情。

C. 完整演唱下阕，感受乐段情感。

教师小结：下阕乐段唱词是由原诗意境发展生成，旋律起伏明显加大，附点节奏、切分节奏更使音乐逐渐变得急切，歌曲情绪更加激动，继而音乐由高而低、逐步下落，转为忧愁伤感的情绪。

（5）教师弹伴奏，完整演唱《阳关三叠》。

提示：在演唱时注意速度、力度和歌曲的情感以及声音的连贯。

（6）总结琴歌的演唱方法和特点。

师生共同总结：

琴歌《阳关三叠》在歌曲演唱中既表达了依依惜别之情，又体现其特有的古琴曲、古诗词典雅旷远的韵味，在行腔过程中合理地对字、声进行装饰润色。

A. 咬字吐字要像“吟诵”诗词般唱出来，拖长尾韵，依字行腔；

B. 在处理字与声调的变化时，唱出装饰音；

C. 规整地处理字的发音，归韵到位，准确把握节奏节拍，清晰明了；

D. 演唱时，关注作品情感递进的表达，重视歌唱作品的层次感。

（四）知识拓展

对比聆听，分析姜嘉锵版与雷佳版《阳关三叠》的异同，并谈感受。

学生讨论并回答：

学生 1：姜嘉锵版是男声版，音色沉稳厚实，演唱稳重热忱，情绪激昂饱满，吐字清晰有力，很有气势。咬字略有些拖沓，但更有吟诵的感觉。

学生 2：雷佳版是女高音版，她对于“三叠”的演唱，情绪一层较一层高涨，情感的表达很细腻，听起来很规整、准确。

教师小结：姜嘉锵被誉为“中国古诗词演唱第一人”。他效仿琴歌演唱的“吟诵”技法，依字行腔，且适时地加入一些中国戏曲元素，从而深化作品韵味的表达。咬字方面，每句的尾字姜嘉锵都采用延长声母到韵母的处理，如“尘”率先发出“ch”音，随后缓慢地发出“en”音，且注重字尾音的收韵，这是姜嘉锵琴歌式“吟唱”的独特韵味。

雷佳采用了传统的民族声乐唱法。她对字的发音处理十分规整，归韵到位、清晰明了且不刻意，对于节奏的把握也同样如此，情感处理细腻，如结束句呈现出“紧拉慢唱”之感，“宾”字的演唱加入颤音且作渐弱处理，将人带到余音袅袅的意境之中，呈现了民族声乐“歌唱”的律动之美。

在歌唱实践的过程中，同学们逐渐形成良好的歌唱意识和对音乐的审美鉴赏能力，希望大家都能够运用歌唱的形式表达个人的情感并与他人沟通，在其中享受到美的愉悦、情感的升华。

【设计意图】

锻炼学生听力，拓展学生思维，引导学生用音乐的语言解读作品，在艺术鉴赏中实践，在实践中理解音乐情感和音乐文化。

（五）总结

琴歌《阳关三叠》是一首感人至深的古曲，是我国古代音乐作品中难得的精品，千百年来被人们广为传唱，有着旺盛的艺术生命力。今天我们在了解古曲唱法的基础上，又结合了现代声乐演唱技术来演绎作品。既是传承，又进行了创新，不仅符合现代审美观，又体现出古韵美。中国传统音乐艺术，风格独特，造诣精深，积淀着中华民族深沉的精神追求，我们要在学习中传承、创新，在发展中弘扬、共融，坚定文化自信，提升文化价值观。

必修3 演奏

演奏是以乐器为媒介表现音乐、抒发情感的艺术形式，是培育学生艺术表现素养的重要途径。演奏模块的教学包括器乐相关知识以及合奏、重奏、独奏等多种内容和形式。学生通过鉴赏和演奏优秀器乐作品，激发演奏兴趣，学习演奏方法，积累演奏经验，增强合作意识，体验器乐的艺术感染力和情感表现力。

【内容要求】

3.1感受器乐作品丰富的艺术表现力和美感，了解和认识不同类型乐队及常见乐器等知识。

学习目标	实施建议
1. 通过对优秀器乐作品的鉴赏和演奏，初步感受器乐作品丰富的艺术表现力，体验器乐的美，激发器乐演奏乐趣。 2. 学习基本乐队知识，对中外不同地区、不同年代、不同类型乐队的组合方式、演奏形式与风格特点的作品进行理解和比较。 3. 通过欣赏不同时期、不同地域、不同风格的器乐作品，了解主要乐器，准确辨认乐器的材质、音色和外形特征。 4. 了解常见乐器的演奏技巧和特性，知道该乐器特有的表现手法，并了解其在乐队中所担任的角色与作用。	1. 选择学生熟悉、感兴趣的经典器乐作品进行赏析，提升器乐鉴赏能力，感受器乐艺术的美，为今后演奏教学奠定基础。 2. 针对演奏教学以实践为主的特点，在视频欣赏或现场演奏的观摩、学习过程中鼓励学生参与实践。并在不断的实践中学习演奏方法、积累演奏经验、增强合作意识，体验器乐艺术的艺术感染力和情感表现力。 3. 在器乐作品的赏析中，可以结合中外音乐发展史，赏析古今有代表性的器乐作品，阅读相关文献，使学生充分认识和了解不同国家、不同时期器乐音乐作品的本质和艺术特征。 4. 根据乐队组合方式、演奏形式进行分类鉴赏，可多采用对比聆听、模仿演奏的教学手段，感知不同器乐作品的异同，对不同种类的乐队有一定的认识和了解，拓宽学生音乐学习的视野和内容。 5. 以聆听、鉴赏为主，结合不同类型的作品和现场演奏视频，按照时期、地域、类别进行划分，对演奏中主要的乐器进行讲解，或展示实体乐器，让学生近距离感受，初步感知不同乐器的音色效果。

参考示例
1. 欣赏、听辨山西鼓乐《滚核桃》，感受鼓乐的非凡魅力，感受打击类乐曲的音色、节奏之美。 2. 了解中国器乐的分类，根据乐器材质和演奏形式可分为弦索乐、丝竹乐、吹打乐、锣鼓乐等乐种。 3. 欣赏不同类型乐队的作品，了解乐队的不同组合形式，常见的有中国民族管弦乐、西洋管弦乐、管乐队、电声乐队、混合乐队。 4. 同一首音乐作品，尝试用独奏、齐奏、重奏、合奏等不同演奏形式演奏，感受不同艺术表现形式的艺术特征。 5. 了解欧洲音乐发展历程，主要经历了巴洛克时期、古典主义时期、浪漫主义时期、现代音乐时期几个主要时期，感受不同时期的音乐风格特征。

3.2 积极参与演奏实践活动，在实践中学习并逐步掌握乐器演奏的基本方法和基本技能。

学习目标	实施建议
1. 积极参与演奏实践活动，在演奏过程中从视觉、听觉、触觉、动觉及记忆、想象、思维和注意力等多个方面亲身实践，直接体验音乐，创造音乐，从丰富的器乐作品中感受音乐美，理解文化内涵，培养音乐的各种才能。 2. 掌握1—2门乐器的演奏。对所学乐器的性能特征、音色特点、演奏技巧有所了解与掌握。 3. 通过演奏实践活动，掌握音乐知识，了解相关文化，学会一定的演奏基本技能，体验器乐的艺术感染力和情感表现力。 4. 在演奏学习过程中，养成良好的演奏习惯，培养渐进式学习和持续练习的学习态度与方法，逐步掌握演奏方法，提升演奏技能。	1. 制订切实可行的教学方案，根据不同地区、学校和学生情况，结合教师自身的特长和优势，因人、因地制宜，创造性地展开教学，鼓励学生学习地区和民族特色乐器。有条件的学校，可尝试探索基于现代科技手段创新的非传统乐器，为使更多的学生参与演奏实践中而实施相应措施。 2. 教师自我保持积极教学状态，通过范奏、聆听、视频欣赏等手段鼓励学生参与实践。用鼓励、表扬来化解学生的学习困难，减少学生学习中的自卑感，树立自信心，在点滴进步中激发学生的学习兴趣，调动学生参与演奏实践的学习动力。 3. 建议根据课程开设情况、学生水平程度，对教材与教师用书中所提供的器乐演奏基础知识和乐队排练基本知识，有取舍、有选择地合理应用，必要时自主开发适合本校的专属教材。 4. 通过讲解、示范、手把手指导、观摩与比较、独立练习等过程的有机结合，在学习中丰富体验，积累演奏经验。 5. 在教学实践中让学生充分展示，帮助学生养成课后练习的习惯。在练习中巩固演奏技法，提高演奏水平，从而提升整体演奏教学质量。 6. 针对初中部分从未学习过乐器的学生，激发学习兴趣，提供学习的机会。对已学乐器的学生，在现有演奏程度上继续学习、提升，将演奏学习常态化、持久化。

参考示例
1. 在教学过程中，可演奏教师自己擅长的乐器，也可邀请专业演奏者或有较好基础的学生演奏，激发学生演奏实践的兴趣和动力。 2. 选择学生喜欢的乐器—吉他进行教学实践。吉他具有便携性、易学性、适用性。在指弹、弹唱中掌握分解和弦、扫弦、揉弦、滑音等技巧。 3. 可以选择竖笛进行演奏教学，其音色优美，携带方便，价格便宜，便于普及。 4. 乐器选择是演奏教学实施中的重要环节，选择适合的乐器是教学成功开展的关键。如竹笛、葫芦丝、陶笛、非洲鼓、尤克里里的演奏，入门较容易、价格适中、音色优美、表现力丰富，可独奏、合奏。 5. 有电钢琴教室或具有现代化音乐编创教室的学校进行键盘演奏教学，有钢琴基础的学生，可以直接在现有水平上继续学习与提升。

3.3 较完整地演奏与自身技术水平相当的曲目，并较准确地把握和表现乐曲的内容与情感。

学习目标	实施建议
1. 能结合自身的乐器操作水平与音乐理解水平，理性选择与自己水平相当的曲目进行演奏实践。 2. 在器乐演奏时，能结合肢体形态、动作表情等身体器官的协同作用完整演奏曲目，有表现力地将内心理解的音乐准确外现。 3. 在演奏中准确把握音乐作品的思想内涵，利用科学的演奏方法，娴熟的演奏技巧，把乐曲中包含的思想情感与意境较准确地表达出来。	1. 教师因人而异，帮助学生选择难易度适中的演奏曲目，过难或过易均不利于学生完美地表现音乐，能力较差的学生可帮助指定演奏曲目，所选曲目要适合学生演奏水平。注重其演奏中的流畅性、准确性和完整性，重视曲目选择的适切性。 2. 采取多种方式组织教学，开展大课、小课、一对一辅导等方式，针对不同水平的学生采取不同教学方案。相同班级，根据水平差异可设定不同的教学目标，让所有学生都能在课程中得到不同程度的进步和提升。 3. 作品演奏前，通过讲解、营造氛围、观看视频等方式加深学生内心对音乐的理解，有针对性地训练身体各器官在演奏中的应用方式。鼓励学生有表现力地演奏音乐，将动作、表情、声音相结合，从而准确表达乐曲的内容情感。

参考示例
1. 针对不同演奏水平的学生，演奏同一首乐曲时，可以选择不同的教学方式进行演奏教学。钢琴乐曲《小星星》的演奏，对零基础的学生进行演奏技法的学习指导；有一定基础的学生采用自学并改编、创作的方式；基础较好的学生演奏篇幅较长的、技法综合的《小星星变奏曲》。最终将三种不同程度的学生整合，进行合作演奏。 2. 选择学生比较熟悉的乐曲或歌曲改编的乐曲进行教学，有助于零基础学生自我纠正演奏中的节奏、音高错误，使演奏更容易。 3. 演奏吉他曲《小草》，初学的学生可以使用两个和弦完成弹唱；有基础的学生使用五个和弦丰富和声效果；基础较好的学生右手即兴分解、扫弦或弹奏歌曲旋律。 4. 二胡曲《二泉映月》演奏前，为了能使学生更准确地表现乐曲内容与情感做铺垫，在演奏乐曲之前可以反复聆听建立听觉经验，通过分析音乐创作背景、表现意图，激起学生情感共鸣。

3.4 在合奏中正确理解作品的创作意图，按乐谱要求准确奏出自己的声部，关注不同声部间的和谐与均衡，根据指挥要求，适时调整自己的演奏。

学习目标	实施建议
1. 了解合奏的基本特点，有参与合作演奏的兴趣和动力，并在合作中培养团队协作精神。 2. 在演奏中利用相应的演奏技术状态，准确读谱，熟悉旋律特征、演奏特点，能从乐谱联想到音乐效果，将自己声部准确表现，积极地参与合奏排练中。 3. 认识和感悟乐队演奏时声音融合与平衡的重要性，感受不同乐器之间的声音特点和演奏特色，在排练中达到认识和演奏实践的统一。 4. 合奏中能准确解读指挥手势、动作，理解其指挥意图，从而调整自我演奏状态，使演奏的动作统一，音色统一，节奏准确，旋律流畅。	1. 根据学校现有情况，可在传统编制乐队与混编乐队，西洋管弦乐队与中国民族乐队，或基于现代科技手段创新的非传统乐队模式等不同乐队编制中做出相应合奏方式的选择。 2. 结合课堂内容与排练时间，对乐队中各种乐器的演奏练习制订相应的任务和要求。认识和掌握合奏的基本步骤、要求和训练方法，明确排练每个环节中及必须完成的阶段性目标。 3. 合奏曲的排练要循序渐进，通过分声部练习，让学生注意音准感、节奏感、力度对比感，依次解决各声部技术难点与主要问题。合排时突出重点，突破难点，养成良好的演奏习惯，提高排练效率。 4. 采用不同的合奏方式，例如：部分演奏部分评价、分组、分声部演奏、小范围协奏等方式，培养学生在演奏中相互配合、紧密协作的团队意识。学生尝试多种模式配合下的合奏感受，使学生集体意识得到增强，合作的能力得到锻炼。 5. 通过对指挥手势的了解，以及对指挥基本动作的学习，在排练中准确读懂指挥意图，对不同指挥手势的变化做出相应调整。演奏时各乐器之间、声部之间与整体乐队之间融合统一，形成默契。

参考示例
1. 合奏形式多种多样，选择适合本校、本班的合奏方式。如中西管弦乐队、管乐队、打击乐队、民族弹拨乐队、吹打乐队等。 2. 识谱训练除了音高、节奏、节拍，演奏中也要关注乐谱中力度、音色、弓法、指法、奏法、表情等音乐符号。 3. 可先采取课前预习、个别练习、集体视奏、分声部练习、集体合排与连排的方式进行，达到合奏最终的和谐统一。 4. 抓住音色、变化、对比、层次、平衡、和谐等几个环节，做好合奏的细排。 5. 合奏常规训练从校音、节拍、节奏型、乐队指挥、读谱能力等层面做起，为更好地提高乐队的排练水平和集体演奏水平不断思考创新。

3.5 在重奏中独立承担一个声部的演奏任务，并与其他声部配合默契地合作演奏。

学习目标	实施建议
1. 理解重奏的基本概念，辨别重奏与其他演奏形式的本质区别，了解重奏的基本组合方式与演奏方法。 2. 积极参与重奏形式的演奏活动，在重奏中使音准、对位、音质更符合重奏要求，在重奏合作中能独立承担一个声部的演奏。 3. 重奏中认识和感悟各声部之间的相互关系与合作方式，感受不同乐器之间的声音特点和演奏特色，各声部之间做到和谐、均衡、统一。	1. 使用比较法，通过对比了解重奏与其他演奏形式的异同，把握正确的概念。有条件的学校可以在课堂上邀请校乐团或有音乐特长的学生进行重奏表演。鼓励学生探究并参与新的演奏形式，请他们谈谈自己聆听后的感受。 2. 重奏练习初始，可在学生中选择具有一定演奏能力的学生组合进行，有针对性地进行乐队成员的选拔有利于重奏的顺利开展，鼓励其他未加入重奏的同学踊跃参加。 3. 排练中，各声部轮番演奏，其他休息声部在聆听、对比中思考，感受声部间的合作关系、音响特征。理解每个人既是演奏者，也是指挥者，同时也是倾听者。努力让学生做到相互谦让，相互支持，使其合作意识不断增强，培养相互默契、紧密合作的团队意识和精神。 4. 根据乐队的编制、学生的演奏技术、课时的安排等情况，为学生选择合适的重奏曲目，可以是一个乐队重奏，也可以是几个不同类型的乐队共同完成重奏训练。

参考示例
1. 让有弦乐特长的学生演奏莫扎特的弦乐四重奏《G大调弦乐小夜曲》，并在课堂上展示，让重奏的表演者与欣赏者在近距离的感染中获得感性体验。 2. 同一首乐曲，聆听合奏、重奏、独奏的不同版本，让学生辨别其演奏形式，体会不同呈现方式带来的不同美感。 3. 重奏中结合乐曲的声部和演奏者的人数可分为二重奏、三重奏、四重奏等演奏形式。 4. 选择不同乐器的重奏演奏方式，如弦乐重奏、管乐重奏、陶笛重奏、葫芦丝重奏、萨克斯重奏等。 5. 弦乐四重奏中，中提琴的角色常是伴奏声部，但有时也会以旋律出现。 6. 重奏中每个声部除了演奏好自己声部，在合作中随时起着托、带、领、填等作用。

3.6 在独奏中，深入理解作品题材、风格及表现要求，发挥乐器特点，自信、有表现力地演奏乐曲。

学习目标	实施建议
1. 通过录音、录像或现场演奏，独立完整演奏乐曲，对独奏过程中所需的心理素质、技术技巧、熟练程度有明显的提升。 2. 理解所奏作品的题材，尊重作者的创作意图，理解其运用的体裁、曲式的表现作用，准确把握乐曲风格特征，对乐曲的旋律走向，音色的选择，织体的设计有深刻的了解。 3. 合理选择乐器，了解所学乐器的基本特点，较好地掌握演奏基本功，能在独奏中充分发挥乐器特色、特性。明确乐器声音的音色特征与个性美。 4. 通过独奏实践活动，加深对音乐的理解，能在演奏中融入自身的艺术见解，对作品进行合理的处理，有表现力地进行个性化演奏。	1. 多为学生创造独奏的机会，提供独奏的舞台，鼓励独奏的勇气，在实践中不断获得演奏经验，提升其心理素质与表演气质。 2. 通过多听音乐、多唱旋律、多背主题、了解背景等手段加深对音乐的理解和掌握，形象化地诠释音乐主题的内在含义。 3. 围绕演奏作品进行适度的相关知识、拓展与探究等来补充演奏教学需要，避免理论多于实践而占用大量学习时间，使学生失去演奏兴趣。 4. 在器乐教学中与社会生活紧密结合，从人文角度出发，找寻学生与音乐文化的共情点。从文化内涵上深入学习、认识乐器，从结构特征上了解乐器，对比感受丰富多彩的乐器种类与特有的乐器特征。 5. 通过反复登台独奏，在演奏中彼此熟悉，学生自信心与心理素质得到良好的发展，在综合演奏能力提升的同时，最大限度地激发聆听者的听觉感知，激起欣赏者的内心情感共鸣。

参考示例
1. 定期举行班级演奏音乐会，为学生个人独奏才艺展示提供平台。为能力较强的学生组织开展校级个人独奏音乐会，提供展示、交流的舞台。 2. 琵琶曲《十面埋伏》的独奏学习，先了解其创作背景，与大型的套曲结构和各段落标题，透彻了解表现内容，音乐风格，演奏技巧，使后期的演奏能表现得更准确完整。 3. 吉他音域宽，重复音多，转调容易，选择不同音域、不同把位、不同调高演奏同一首乐曲，感受同一乐曲中不同音色、不同音高、不同指型下音乐的表现力与弹奏的难易度。 4. 吉他演奏中，选取4/4拍乐曲，利用所学和弦的多种分解类型，结合自己对音乐的理解，为乐曲编配相应的伴奏。

3.7 具备识谱能力，较熟练地视谱演奏。

学习目标	实施建议
1. 认识到识谱对乐器学习的重要性，了解几种常见记谱法的类型、名称，至少具备一种乐谱的识读能力。 2. 熟记乐谱中常用的节拍记号、调号、力度记号、装饰音符号、反复记号、表情术语等常用符号。 3. 掌握正确的视奏方法，具备一定的视奏能力，对能力范围内的乐曲进行熟练视奏演奏。	1. 音乐传播除了音乐声响的留存便是乐谱的记录传承，通过了解记谱的不同方式、种类、记谱法的发展史，感受乐谱作为学习音乐基本工具的重要性，以及掌握读谱能力的迫切性。 2. 根据不同乐器类别选择不同的乐谱学习，利用有限的时间熟练掌握一种记谱方式。 3. 重视在读谱、视奏过程中仔细分析乐曲的调号、拍号和乐曲调式，选择合适的音区、把位演奏。 4. 关注乐曲中的表情记号，如重音记号、顿音记号、力度记号、连音线等，在演奏时按要求演奏。 5. 对复杂的节奏型、含有变化音的旋律等难点部分，进行慢速练习。 6. 分析乐曲的结构，找到乐曲的铺陈、变化与重复、再现与起止，做到心中有谱。 7. 教师可以搜集不同难度的乐谱片段，由易到难有计划地在每次演奏课前、课中、课后等时段进行识谱、视奏能力的提升训练。

参考示例
1. 民间艺人华彦钧具备演奏技能却不能读写乐谱，杨荫浏先生根据他的演奏录音记谱整理，让《二泉映月》这首经典作品得以流传于世。 2. 因为有大量的古典音乐文献，才使我们有条件重现不同时期的古典音乐。 3. 中国民族乐器学习常采用简谱，西洋乐器多用五线谱，吉他使用六线谱，古琴沿用减字谱。 4. 速度记号有多种方式，可以是 Largo、Allegretto、Adagio 等。意大利语，也可以是行板、快板、广板等中文，还可以♩=90、♩=120 等数字形式体现。 5. 排练新的乐曲，不给学生预习机会，发谱直接进行视谱演奏，检验视奏能力的同时提升视奏水平。

3.8 能够对所奏乐曲的结构与风格、情感与意境做初步分析，根据自己对作品的感悟，发表对作品艺术处理的意见，并能对自己、他人或集体的演奏做出较为客观的评价。

学习目标	实施建议
1. 了解乐曲中常用的曲式结构，准确辨别不同的乐曲风格。 2. 在演奏中能运用演奏的思维方法初步分析、解读作品的音乐情感与思想内涵，感悟演奏音乐独特的风格特点、艺术处理与表达意境，理解其文化现象。 3. 通过掌握的演奏技术指标：速度、力度、情绪、风格、意境等，自觉主动地分析作品，对所奏乐曲发表独到见解。 4. 通过演奏、聆听、分析器乐作品，增强对器乐作品的鉴赏能力，主动对自己、他人或集体的演奏做出客观评价。 5. 在器乐作品的鉴赏中，或聆听他人的演奏过程中，能通过音乐的审美特征来了解器乐艺术的美，把器乐演奏视为一种审美活动，从中获得美感。	1. 乐曲的鉴赏、演奏选曲中，针对篇幅、结构、表达意境几个层面，由易到难，由简到繁，从熟悉到陌生，从小编制到大编制。结合教师讲述、学生自述、对比分析、小组合作等手段，让学生在实践学习中逐渐积累、掌握分析乐曲结构、风格、情感、意境的方法与能力。 2. 大量地聆听音乐作品，在对比鉴赏中感受音乐基本语汇，演奏中发挥演奏者的个性特征为音乐表现带来不同的解读，并能自主表达。可以选择同一作品，用不同演奏家、不同乐团演绎的不同版本让学生分析、对比，体验音乐处理的多样性。明白音乐并非具有明确的语义性，不同的人对不同的音乐有不同的理解，也会在演奏中做出不同的处理，鼓励学生理性思考，个性发挥，从而提高器乐演奏的感染力。 3. 演奏排练时提倡奏、听、评合一的演奏方法，不断提醒学生在专注于自己声部演奏的同时，注重留意其他声部和整个乐队的音响效果，以及音乐表现的准确程度，并鼓励学生相互交流，发表意见、感受、心得。 4. 在演奏实践活动中，多为学生创造互评的机会，这比评价演奏家或知名乐队演绎的作品相对容易。同学的演奏除了发现其优点，还可以找出其不足之处，在此过程中促使学生对音乐展开积极思考，使评价更具体，从而进一步激发学生自主研究作品的兴趣。 5. 在演奏教学中要从理论或美学角度积极引导学生发表对作品的感悟和见解，其目的是逐步增强演奏者自身的审美感知力，将审美教育渗透到演奏教学的各个教学环节，最终达到音乐以美育人的教育本质。

参考示例

1. 演奏贝多芬的《月光》前，先概括地介绍钢琴和钢琴音乐，在作品鉴赏中加入德彪西的《月光》的赏析，让学生感受同一题材在不同历史时期和不同作曲家笔下的不同艺术风格。并说出各自的不同，以及演奏中应该如何区分处理。

2. 民族管弦乐《茉莉花》具有多彩的织体变化和丰富的声音特点，对此了解与把握，有助于更好地感悟乐曲、演奏乐曲。

3. 收集学生演奏的音频、视频，发布至班级群或网络平台，组织班内学生进行聆听、评比，并做出文字性的评价。

4. 在班内开展独奏、齐奏、重奏、小合奏等演奏活动，活动过程中通过相互聆听、评价，实现互相学习、整体提升，在享受合作的喜悦、成长的快乐的同时，收获演奏带来的成就感。

案例：演奏教学

（执教教师：胡勇）

课题：《竖笛吹奏入门》

教学目标

1. 通过练习竖笛吹奏，感知竖笛音色，能对气息、音准、节奏有较好的把控，掌握基本指法。

2. 通过练习合奏乐曲《铃儿响叮当》，感受合奏的魅力，体会音乐之美，激发学生音乐表演和创作实践的兴趣。

3. 了解不同时期竖笛的制造工艺，以及不同的音乐表现形式，理解音乐文化的时代性、多元性。

教学活动过程

（一）导入

教师：演奏竖笛独奏曲《童年》，钢琴伴奏配合。

音乐表现形式多种多样，最常见的是演唱和演奏。演奏是以器乐为媒介表现音乐抒发情感的艺术形式，老师用手中这种乐器演奏《童年》乐曲，抒发了自己对童年回忆的情感。大家知道这是什么乐器吗？（简单讲述自己童年与竖笛的故事）

（二）新课教授

1. 竖笛简介

在马其顿共和国靠近塞尔维亚的一座边境小镇，有一座拥有近千年历史的教堂——圣乔治教堂，它始建于公元 1071 年，完成于 1315 年。通过画中这个人物的指法不难看出，他吹奏的乐器就是我们今天的竖笛。

在所有的木管乐器中，竖笛大概是最早被完善的一种。

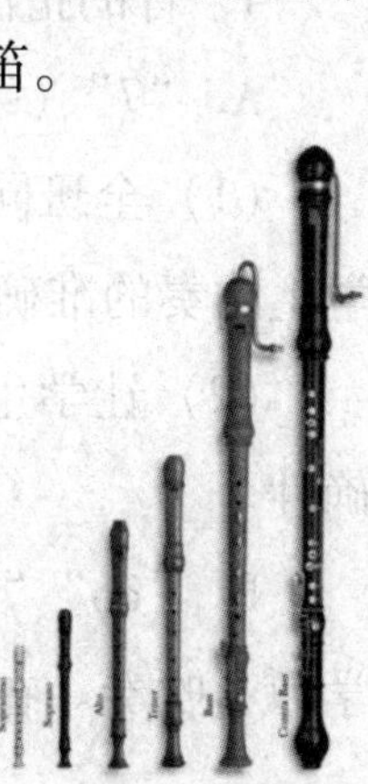

A. 德式竖笛

特点：音质重金属实力较强、音色饱满，一般背后有字母 G（日耳曼式）

指法：方便，初学者容易掌握。

B. 英式竖笛

特点：巴洛克式专业指法、难度稍大。一般背后标有 B 或 E（巴洛克式）

指法：有交叉指法，可以吹出半音阶，方便组团。

2. 竖笛结构

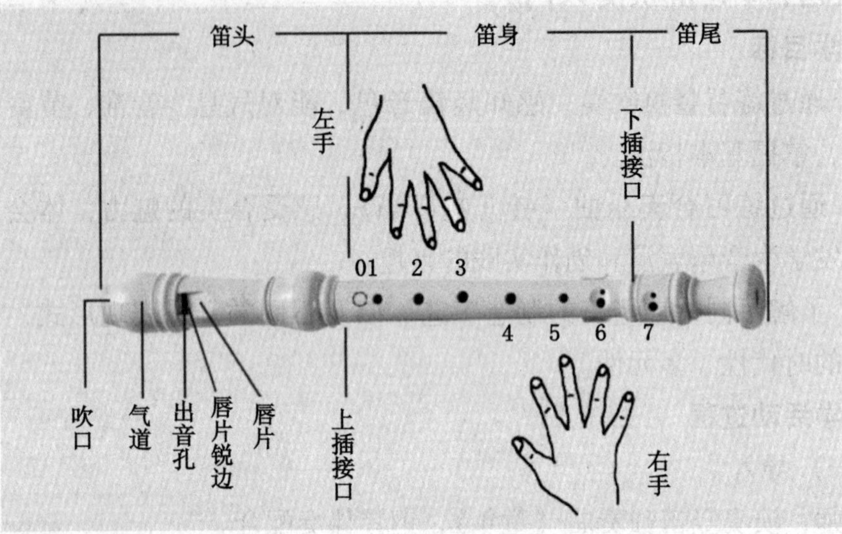

3. 吹奏尝试

A. 持笛姿势与口型、手型要求；站立与坐立姿势的具体要求。教会学生基本的持笛与口型。

B. 空管吹奏：让学生不按任何按键，用“P、f”等不同的力度吹奏全音符，感受音高与音准的关系。（用调音器让学生更准确、直观地感受音高的变化。或请有一定竖笛吹奏能力的学生上台做正确示范并引领大家练习）

C. 吐音的技术要领与练习。

4. 音的指法学习

A. “7”（si）音的吹奏

（1）全班同学在恒拍下一条龙吹奏，既考查学生的专注度，又考查每个学生吹奏的准确性，还能形成横向对比。

（2）让学生结合 App 软件配乐练习“si”的吹奏，要求节奏、音高的准确性。

B. “do”“re”“mi”（中音）“si”“la”“sol”“fa”（低音）音的指法学习与吹奏。在学习新的音高过程中，构建组成了 G 大调的主三和弦。

主三和弦

re	sol	la
si	mi	fa
sol	do	re
（主）	（下属）	（属）

5. 和声练习

A. 教师借助主三和弦，横向、纵向从易到难指吹所学音高，熟练指法的同时感受音高与和弦的联系。

B. 让学生在恒拍下，根据自己吹奏的熟练程度，在和弦内自主选择熟练的音高进行吹奏，形成初步的即兴合奏和声体验，为日后的创作演奏打下基础。

C. 请具备竖笛演奏技能的同学，在教师钢琴伴奏下，结合主三和弦图谱即兴演奏乐曲。既强化了部分有基础学生的即兴演奏能力，在现有基础上演奏技能得以提升，又激发了初学者的学习兴趣，明确学习方向。

6. 乐曲《铃儿响叮当》合奏练习

A. 集体练习高声部旋律的吹奏。

B. 结合主三和弦与教师所指的和弦进行演奏，尝试为主旋律加入和声，形成合奏。

C. 有基础的学生结合低声部乐谱视奏进行三声部合奏。

（三）拓展提升

欣赏竖笛协奏曲专业演奏视频片段，提升学生审美情趣，激发学生学习兴趣。

（四）小结与课后作业

竖笛是一门没有年龄限制的乐器，它易携带、价格低、易吹响，无论是竖笛独奏还是合奏，都可以展现竖笛的独特魅力。学习演奏的同时还可以训练我们的读谱能力。

课后将本节课学习的指法反复练习，不断提升熟练程度，和同学尝试进行《铃儿响叮当》的合奏练习。

演奏任何乐器都需要相对熟练的技术、技巧，需要有规律的、科学的、恒久的训练。这种训练需要毅力、耐力、信心和勇气。所以，竖笛学习对于培养坚强的意志、顽强进取的品质，以及踏实、严谨、科学的作风，都有良好的作用。学习乐器的开始，既是学习控制的开始，又是很好的修身养性的过程，让我们坚持学会、学好一件乐器，从而更好地提升个人音乐素养。

必修4 音乐编创

音乐编创是通过音乐材料的组织与发展，以不同的形式表达思想感情、表现音乐意境的艺术创作实践活动。音乐编创模块以发展学生音乐想象力和艺术创造力为目的。通过本模块教学，学生初步了解音乐创作的基本原则和一般规律，学习音乐创作的基础知识和基本方法，开展多样化的音乐编创活动。

【内容要求】

4.1 依据歌曲、乐曲的主要材料及情绪，进行即兴唱、奏等编创活动。

学习目标	实施建议
1. 培养“参与”音乐，“参加”音乐表演中的欣赏理念。尝试用肢体动作参与音乐。 2. 了解“同曲不同词”的音乐样式。通过“同曲不同词”的音乐作品，了解改编歌词，是音乐“编创”早期的活动。 3. 尝试运用编词的方法，即兴给旋律填词，表达个人思想。体验用旋律表达同一主题的个体差异。 4. 根据旋律的特点，填上适宜的歌词，表达情感、情绪。	1. 引导、示范为主，便于学生感受如何在听音乐时“参与其中”。 2. 用“学堂乐歌”告诉学生，依曲填词，是最初步也是最贴近生活的音乐编创手法。带领学生用教材提供的旋律填写歌词，并记录保存。 3. 培养学生学会将真实感受用恰当的音乐方式表达，正确理解个体在情感表达上的差异性。 4. 用聆听的方式，感受同一主题，可以用不同的旋律表达，体验个体表达的差异。 5. 教师示范，听旋律，用肢体动作表达内心感受，并给旋律填上恰当的歌词。

参考示例
1. 通过教师引导、举例，帮助学生认识音乐作品的参与性，建立对于音乐作品演唱的参与意识。学习尝试用肢体动作参与音乐作品的欣赏过程。例如现场听音乐会、晚会、演唱会，会有更加深刻的体验和记忆。独自一人听音乐，或者与朋友在一起唱歌时，能够尽情地释怀和表达情感。 2. 通过早期“学堂乐歌”和其他音乐作品举例说明，了解依曲填词是音乐编创最初的创作手段，也是最贴近生活的编创方式。例如《月亮代表我的心》（英语翻译为The Moon Represents My Heart）由孙仪作词，翁清溪作曲。陶喆的《月亮代表谁的心》以及杨坤版的《月亮代表我的心》都是改编自这首经典歌曲。 3. 根据不同学情，可采用分层教学，依据学生不同的音乐基础、先天条件和表现力，训练学生即兴为旋律填词，表达个人的情感、情绪、思想。 4. 对有深入学习能力和意愿的学生，可将模块教学与兴趣小组或学生社团形成联动，进行更具深度广度的练习，便于灵活组织教学。

4.2 了解音乐材料组织与发展的一般规律，学习音乐创作必需的基础理论知识，初步掌握音乐作品的常规结构及音乐编创的基本方法。

学习目标	实施建议
1. 体验、感受同一音高下不同节奏音乐表达的情绪。 2. 学习强奏之下“长起短收”节奏+下行音高发展方向，体会呐喊式、愤愤不平两种情绪的变化。 3. 学习用连续的前、后附点+切分节奏，表达倾诉语气和恳切生动的态度。 4. 了解节拍的概念、节拍的规律。尝试运用弱起的方式，转移节拍重音位置。运用变换节拍的方式，变换乐曲的重音位置。 5. 分析歌曲的结构，学习歌曲中常用的平行结构、对比结构、起承转合结构。 6. 通过视唱分析、学习乐段的概念。认识乐句、乐节、乐汇的概念。认识一句体、三句体乐段、复乐段，学习乐段的扩充与补充。	1. 通过示范演唱，帮助学生感受同一音高材料，使用不同的节奏予以组织，与情绪的关系。 2. 运用节奏、力度这两种音乐要素模拟生活中呐喊、恳切说话的场景，让学生学会将感性体验上升到理性提炼。 3. 示范演唱，帮助学生感受力度与表达情绪的关系。 4. 运用打拍子、节拍图示的方式，让学生理解重音位置、节拍规律等相关理论知识。 5. 运用分析歌词语义表达+旋律辅助理解的方法，分析歌曲结构。用图示符号标记作品结构。 6. 让学生认识到一段完整或相对完整的歌词，一般情况对应一个乐段。借用歌词语义的完整表达，对应学习什么是乐段。

参考示例
1. 日常生活中“磨剪子、戗菜刀”等各种各样售卖小商品的叫卖声是宣传式、呐喊式的音乐表达。 2.《中华人民共和国国歌》《国际歌》的起始句都使用了弱起节奏。 3. 进行曲通常使用二拍子，圆舞曲通常使用三拍子。 4. 非洲的鼓乐、美洲的探戈、恰恰、伦巴等舞种使用的音乐、我国新疆的维吾尔族、哈萨克族的民族音乐，都具有鲜明的风格特点。其特点的体现主要在——节奏。 5. 歌曲《二月里来》使用了起承转合的乐曲结构。

4.3 参与以歌曲编创为主的创作实践，尝试为旋律编配歌词、为歌词谱曲、为歌曲写前奏或编配简易伴奏等。

学习目标	实施建议
1. 体验优秀歌曲在词和曲的配合上情绪的统一。了解口语化歌词与旋律，展现亲切情绪；体验深沉的旋律适合搭配庄重的歌词；体验轻巧、灵动的旋律适合搭配诙谐、风趣的歌词。学习视唱选定旋律，填入适合的歌词。 2. 建立句式结构概念。认识这是一种保持歌曲结构平衡，发展歌曲篇幅的编创手法。 3. 通过有表情的吟诵文章和歌词，表现语气的轻重缓急，建立节奏、节拍概念。将已经建立的节奏、节拍概念，运用在剥离旋律的歌词上。 4. 有表情地演唱歌曲，感受词与曲在节奏、强弱上的内在联系。学习什么是编创中的“字正”“倒字”。了解赵元任先生提出的“阴平、阳平、上声、去声”及所对应的音高样式。学习词曲的正确组合搭配。	1. 运用读歌词、朗诵歌词、视唱旋律的方法，引导学生理解歌词与旋律在情感上的统一。将同一旋律或者歌词，搭配不同的旋律，进行反向对比体验。用音乐语言：速度、音区、音域、节奏型等，对应合适的情绪。 2. 运用学生已有的语文语法知识类比，讲解乐汇、乐节、乐句等音乐理论知识，用对称发展，对称平衡的观点，引导学生学习句式结构。运用学生已有的朗诵技能，结合节拍图示、音符时值，建立节奏、节拍概念，增强编创体验。 3. 运用节拍图示，带领学生朗诵歌词。用正确的字与旋律的搭配+不正确的搭配，示范说明“字正”和“倒字”。

参考示例
1. 歌曲《长江之歌》是填词歌曲的典范之作。 2. 了解不同旋律搭配歌词，传达不同的情感体验，如《中国人民解放军军歌》庄重而富有力量，适用于队列行进时的背景音乐。《天路》质朴而优美，适用于讲述故事时的背景音乐。 3. 结合具体作品，让学生了解戏剧、戏曲中的“反串”表演。 4. 结合学生高中阶段学习的古文知识，帮助学生了解我国古典诗词中常用到对仗、呼应、起承转合等句型。

4.4 依据教师或教材提供的材料和方法，编创一段相对完整的旋律(8—16小节)，或利用多种声音材料完成某一主题的命题创作。

学习目标	实施建议
1. 结合具体音乐作品，把握题材与旋律的关系。 2. 分析歌词题材与旋律发展关系，认识速度、节奏型、调式等音乐要素是正确匹配歌词题材的关键。了解进行曲、摇篮曲、圆舞曲、抒情歌曲、通俗歌曲题材歌词的特点。 3. 掌握与进行曲、摇篮曲、圆舞曲、抒情歌曲、通俗歌曲等题材匹配的速度、节奏型、调式等音乐语言。了解题材、旋律与地域、语言的关系。 4. 把握歌词朗诵特点，匹配恰当的节拍和节奏。适当打破歌词朗诵的节奏，在保持原有语义的前提下，摆脱单一节奏型的无限循环。 5. 通过示例音乐，明确大小调式、民族调式的音响效果，结合乐曲的速度，学习大小调式、民族调式分别适合展现的情绪。学习在调式背景下，旋律发展的三种形态：环绕型、波浪型、直上直下型。学习曲调的展衍方法：重复、模进、对比手法。 6. 学习二句体、四句体乐段的编创。学习二段曲式，并学习二段曲式的第一乐段为“呈示”部分，第二乐段为“对比”或“展开”部分。学习“再现三段曲式”，并了解，第一乐段为“呈示段”，第二乐段为“中段”，第三乐段为“再现段”。	1. 通过聆听成熟、经典歌曲及歌曲片段，让学生用既有的文学基础分析歌词含义，教师分析音乐语言，然后进行二者的匹配学习。 2. 改变经典歌曲的节奏、速度、调式等音乐要素，体验音乐要素与歌词题材的正确搭配。分析成熟、经典歌曲的歌词，帮助学生了解进行曲、摇篮曲、圆舞曲、抒情歌曲、通俗歌曲歌词题材的特点。运用加入节奏朗诵歌词的方法讲解各种题材与节奏、速度的正确匹配。 3. 运用节拍图示的方法，将歌词的朗诵节奏“音乐化”。运用改变节拍，加长句尾长音的方法，提升乐句趣味性。 4. 使用五线谱版本的乐谱展现旋律线，让学生了解，重复发展手法可以分为完全重复、变化重复。变化重复又可以分为：同头换尾、换头合尾、同头合尾、装饰性重复。模进可以分为：严格模进、非严格模进。非严格模进又分为：自然音级模进、五声音调模进、局部模进。 5. 给出二句体乐段的上句或下句，要求学生用对比、呼应、同头换尾、换头合尾、同头合尾的方法编创对应乐句。给出四句体乐段中的某一句或两句，要求学生根据歌词含义，使用平行、对比、起承转合结构中的一种，编创剩余乐句。

参考示例
1. 结合具体音乐作品举例说明，帮助学生理解不同题材对应不同旋律，如军事题材的歌曲，旋律上大多铿锵有力。与此同时，民歌往往呈现出极其鲜明的地域色彩。如东北民歌《摇篮曲》与舒伯特创作的《摇篮曲》在歌词上虽然都有温柔甜美、充满爱意的特点，但在旋律的使用上，差别明显，各具特色。 2. 集合优秀的音乐作品，学习大小调式、民族调式分别适合展现的情绪。如《G大调弦乐小夜曲》（莫扎特）第一乐章的主题，乐曲开始时在G调上展开，然后又在D调上进行了重复。小提琴作品《辛德勒的名单》，旋律紧锁人心，如泣如诉，似乎总是难以释怀。《黄河大合唱》第七乐章《保卫黄河》旋律发展层层递进，一浪高过一浪。民歌《那是个谁》的旋律发展就好像坐过山车一般，突然上升又突然下降。

4.5 运用五线谱或简谱较准确地记录习作，并通过唱、奏或多媒体等方式表现、展现自己编创的作品。

学习目标	实施建议
1. 了解音符时值的基本划分、特殊划分、音符的规范写法（简谱和五线谱）。学习音的分组及与五线谱位置的对应。 2. 学习节拍与节奏的基础知识，并对应学习音值组合法。学习“调号与调名”，并对应学习五线谱与简谱的互译。 3. 根据所学理论知识，学习视唱乐谱。尝试默写自己熟悉的歌曲或者乐曲的片段。运用录音设备，将自己视唱的乐谱音响记录下来。学习运用多媒体设备，记录自己视唱的音频并编辑为乐谱文件。	1. 借助学生生活中熟悉的歌曲为基础，从实践出发，逐步对应相关理论知识。帮助准确掌握某一首歌曲的演唱时值，进行音符时值的基本划分教学。 2. 从准确地掌握某一首歌曲的节奏或者较为复杂的节奏入手，进行节奏、节拍教学。 3. 准确把控某一首歌曲的时值、节奏等方面后，尝试抄写这首歌曲的简谱，然后默写这首歌曲的乐谱，进行感性认识到理性学习的上升。运用录音软件记录学生演唱时的音频，并进行“美化”处理，引起学生学习的兴趣。运用打谱软件，将学生演唱的歌曲“谱面化”，同时使用打谱软件播放学生演唱的乐谱，并示范如何使用打谱软件记录乐谱。

参考示例
1. 结合优秀的音乐作品，让学生了解专业音乐家通过乐谱，记录传承民间艺人世世代代“口传心授”的音乐作品，将非物质文化遗产“纸面化、可视化”。20 世纪 50 年代初，由音乐学家杨荫浏先生根据阿炳（华彦钧）的演奏，录音记谱整理《二泉映月》，并灌制成唱片后很快风靡全国。 2. 受到个体表达的差异和记谱法限制等原因的影响，民间艺人演唱、演奏的乐曲，与乐谱中记载的内容存在相当程度的差别。

4.6 在电脑、移动智能终端或其他媒介上，运用相关软件进行简单的音乐编辑和创作（有条件的地区适用）。

学习目标	实施建议
1. 了解音频工作站制作音乐的程序，认识音频工作站中的相关软件和硬件设备。了解音频工作站中软件、硬件设备的功能和作用。学习操作音频工作站的硬件设备。 2. 学习使用录音软件、制谱软件、音频编辑等软件。尝试将个人编创的音乐作品或片段使用音频工作站进行录制和编配。	1. 通过音频工作站，展示一首已编辑好的音乐作品，通过各部分（如：旋律部分、和声部分、伴奏乐器部分、节奏部分）以及合成后的效果，让学生认识音频编辑的概念和过程。 2. 录制学生演唱的片段，展示音频工作站各个部分的作用和功能。指导学生录制一段音频，记录一段乐谱，然后将录制的音频和记录的乐谱用音频编辑软件混编在一起。

参考示例
1. 通过举例说明，帮助学生了解录音技术的进步发展，如黑胶唱片、磁带、CD 等录音技术的出现，改变了人们欣赏音乐的方式，也最大程度保存了音乐这种“时间艺术”。 2. 让学生了解，当下走进录音棚，录制自己的“个人专辑”已经成为资深音乐爱好者的一种潮流。 3. 通过近年来热播的动画片、动画电影的配音、配乐，让学生了解音频技术的新发展。

4.7 对自己、他人或集体的编创习作做出较为客观的评价。

学习目标	实施建议
1. 现场观摩、欣赏优秀音乐作品，树立正确的音乐审美观念。 2. 分析多种类型的音乐作品（例如：歌曲、器乐作品、歌剧作品、戏曲作品、民间音乐等），健全个人的音乐审美认知。 3. 了解多元文化背景、历史背景等条件下的音乐创作，积累和丰富个人音乐赏析的用词，特别是音乐要素的语言表达。 4. 评价自己或他人的习作，培养、树立以人为本，以美传情的审美思想。	1. 结合学生喜爱，且有一定审美教学意义的音乐作品，通过教师示范赏析，引导学生正确分析你心中的美，表达你的认知美。 2. 引导学生说出自己喜爱的音乐的理由，结合音乐的基本要素进行分析，帮学生将音乐审美认知从感性认识上升到理性认识。 3. 教师示范评价自己的音乐编创作品，引导学生客观评价自己编创的作品。尝试建立相对客观的评判标准。在此基础上，评价他人或集体的音乐编创。

参考示例
1. 音乐评论家，是音乐行业中的重要职业，同时对音乐的发展起到了推动的作用。上海音乐学院硕士研究生专业中有“音乐美学与批评”专业。 2. “某某事件争鸣”是音乐周报上常见的音乐评价、评论类文章。通过“争鸣”的形式，探讨当下的种种音乐现象，审视大众的音乐审美观点，从“美学”角度指明音乐创作发展方向，指引音乐教育发展。 3. 央视举办的青年歌手大奖赛中，评委对参赛选手的点评，总能对选手的演唱起到客观公正的评价，同时对选手的发展起到提纲挈领的作用，也让观众深入浅出地理解评委的打分。这样的点评是专业的、职业的、精准的评价。

案例 1：音乐编创教学

（执教教师：王明哲）

课题："合奏乐曲编创"教学片段

教学目标

1. 通过视奏，充分认识自己演奏乐器的最佳音区、合奏音区。

2. 通过视奏，学习管乐器与弦乐器如何在合奏中共同"呼吸"。

3. 通过视奏，体会演奏法在合奏中的作用，并尝试改变演奏法调整音乐的表达。

4. 综合音区、演奏法、乐句换气等问题，对单旋律片段进行合奏编创。

教学活动过程

（一）视唱以下旋律

谱例如下：

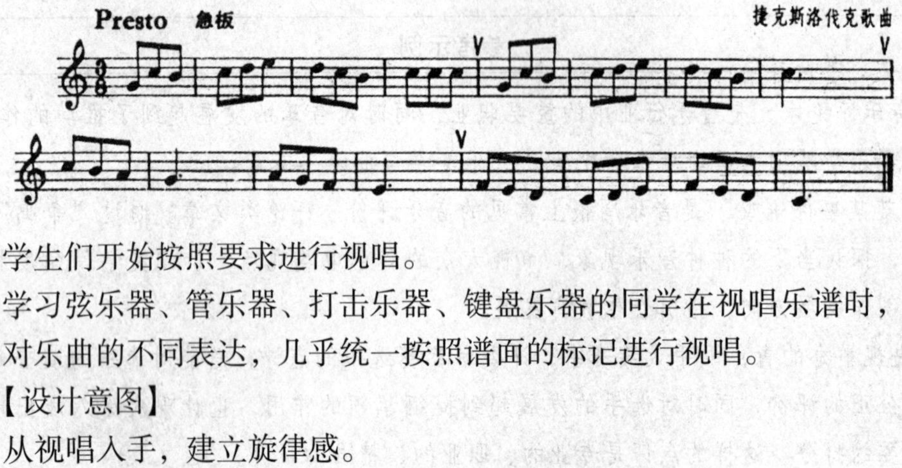

学生们开始按照要求进行视唱。

学习弦乐器、管乐器、打击乐器、键盘乐器的同学在视唱乐谱时，未表现出对乐曲的不同表达，几乎统一按照谱面的标记进行视唱。

【设计意图】

从视唱入手，建立旋律感。

（二）视奏以上乐谱

1. 引导教学——调整演奏法

教师：同学们感觉自己视奏的是否好听？如果不好听，应该做些什么样的改变？

学生 1（弦乐器）：老师，我觉得按照谱面的标记进行演奏不好听，是否可以改变弓法进行演奏。

教师：可以按照你的理解来安排弓法，但是你需要说出改变弓法的理由。

学生 1：我觉得小提琴使用连弓，将三个音符用一弓演奏，比较符合乐曲的情绪。

学生 2（弦乐器）：老师，我是否可以改变乐曲的演奏法来表达我对乐曲的理解。

教师：可以，同样的要求，需要说出你的理由，并且将改变后的演奏法用正确的记号标写在谱面上。

2. 引导教学——音区与音量的关系

学生 3：（铜管组乐器）乐谱第一行的音区太低了，我是否可以提高八度进行演奏？

教师：实践是检验真理的唯一标准，我们通过合奏进行检验。所有的乐器进行齐奏，铜管组乐器的同学高八度演奏。

铜管声部的同学自己摇摇头：提高八度后，音量太大了，不好听。第一行我还是不要演奏了。

3. 引导教学——合奏中的“换气”

学生 4（木管乐器）：老师，我是否可以将吐音改为连音，我觉得连音更适合表达这样的情绪。

教师：我们与弦乐器合奏，检验改变演奏法后的效果。木管乐器用连音的演奏法进行演奏，与弦乐的连弓很好地配合在一起，同学们在演奏的同时也有非常明显的体验。然后，我们将铜管组乐器也加入合奏中，但是只演奏第二行乐谱。这时出现了新的问题，乐曲的第一句大家整齐度很高，第二句开始，弦乐器总是要早于管乐器，节奏总是对不齐。

教师：大家认为这样的合奏有没有问题？如果有，问题在哪里？如何解决？

同学们陷入思考，大家都感觉有问题，都觉得节奏没有对齐，但是解决的办法在哪里呢？

教师：请同学们反复视唱乐谱，注意换气的位置分别在哪些小节，思考管乐器在视奏时如何换气，弦乐器又如何换气。

同学们似乎明白了问题的关键。

再次视奏 2—3 遍后，节奏对不齐的问题得到了解决，同学们明白了标记在谱面上的换气记号应该如何处理，才能达到对齐节奏这一合奏中最基本的要求。同时，同学们学会了一些将现有旋律进行合奏改编的方法。

【设计意图】

用发现问题、解决问题的办法，使同学们懂得树立良好的“审美听觉”，是开展自主探究式学习的前提。

案例2：音乐编创教学

（执教教师：王明哲）

课题："四声部乐曲片段"合奏编配探索教学

教学目标

1. 通过视唱、视奏、听辨，学习综合判断适合自己乐器展现的乐句。

2. 通过视奏，学习运用调整演奏法、分工旋律与和声声部、根据旋律发展把控音区与力度的关系等乐曲编配方法。

3. 体验打击乐器在合奏中的运用。

教学活动过程

（一）视唱并分析总谱，要求同学们分别齐唱这四个声部。提出问题，你演奏的乐器，适合展现四个声部中的哪一个

（谱例见案例之后）

通过视唱和分析总谱，根据四个声部的音区，同学们找到了适合自己演奏的声部。

小提琴适合演奏高音、次高音两个声部，中提琴和大提琴分别对应中音、低音两个声部。木管乐器中的长笛、双簧管、单簧管都可以演奏高音、次高音这两个声部。铜管组乐器中的小号适合演奏高音声部。

（二）请使用改变演奏法、划分演奏乐句等方法"美化"你的演奏

1. 引导学习——突出旋律声部

学生1：以旋律声部为依据，改变并统一各声部的弓法安排。

学生2：当旋律相同时，我们需要用一样的弓法演奏。

学生们按照刚才提出的意见用同样的弓法安排再次合奏，效果仍然一般。

有几位作为听众旁听演奏的同学，似乎有意见要表达。

教师：请问"听众"有什么改进建议吗？

听众：乐曲的旋律不明显，听不太清楚。

演奏的同学们得到了启发，有了新的改进方向。演奏旋律的同学，尽可能地加大力度，反复试验了几次，效果依然不明显。

教师：旋律声部音量已经无法加大，是否可以考虑降低非旋律声部的音量？减少演奏人数？

同学们首先减少了非旋律声部演奏者的人数，然后在此基础上进一步对非旋律声部的演奏力度提出要求，在明确了各声部的力度层级后再将非旋律声部的演奏人数恢复到了原有的数量，并将双簧管和小号安排在第二句旋律出现。三次试验后，得到了“听众”的认可。

2. 示范教学——体验打击乐声部在合奏中的色彩作用

教师：谱面上并没有打击乐声部，那么，选择什么样的乐器，加在什么地方会比较合适呢？

我们选择使用风铃和吊镲两件乐器。

风铃安排在整个乐曲片段之前，也就是乐曲的引子。吊镲安排在第二个乐句的开始到中段。加入打击乐的合奏后，“听众”的感受似乎比较满足。

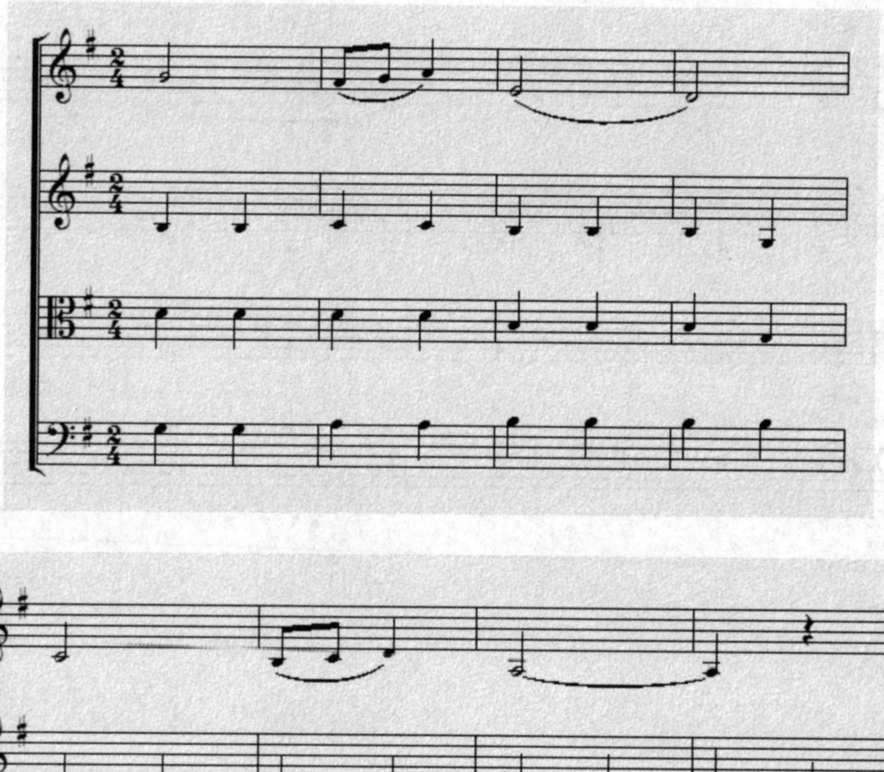

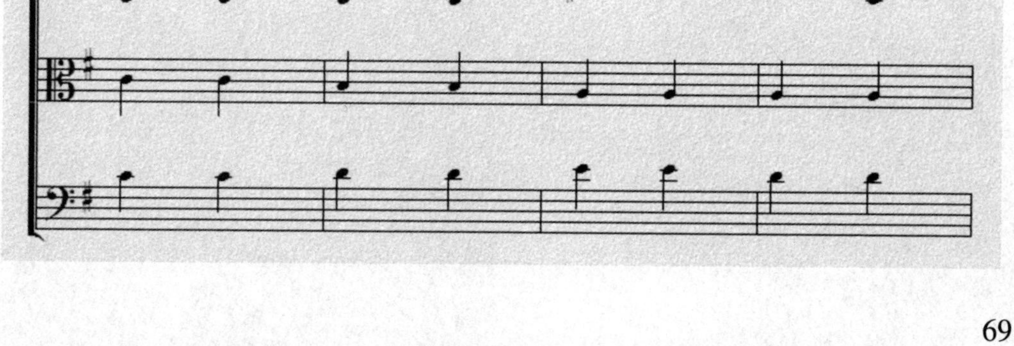

9

13

案例3：音乐编创教学

（执教教师：高童）

课题："诗与歌"音乐编创教学片段

教学目标

1. 能够从两个不同版本的《静夜思》歌曲对比中体会旋律中的声韵美，并能运用此特征完成规定创作。

2. 能够从《静夜思》中找到诗句之间的结构特征，联系龚琳娜版本的歌曲，体会其结构美，并能按照要求为《相思》谱写完整旋律。

3. 可以积极参与朗读、唱谱与分析等活动，并乐于合作编创，体会音乐创作的乐趣和团队合作的快乐。

【课程思政】

古诗词作为古代诗人表达理想抱负和个人情感的文学作品，对后世的文学创作有重要影响，本课赏析了中国传统诗词《静夜思》的声韵美与结构美，并将其运用到音乐编创中，使学生在继承传统文化的同时，学会创新，学会赋予传统文化新的活力。

教学活动过程

（一）汉语声调与对应音高的学习

赵元任先生对汉语发音的四种声调，分别用音高给出了明确的示意。我们用"啊"来视唱这四种声调。

一声　阴平

二声　阳平

三声　上声

四声　去声

请同学们跟着琴声，视唱四种声调。

（二）请使用已给出的音高为诗句"红豆生南国"谱写带有声韵美的旋律

1. 请同学们有表情地朗诵诗句"红豆生南国"，感受声韵变化，同时在黑板上标记朗诵此诗句时的旋律线。然后，引导同学们将诗句标记在旋律线相应的位置。最后，根据给出的五声音阶和旋律线起伏，为文字搭配相应的音高和节奏。并且，带领同学们视唱刚刚编创的诗句。

2. 播放《静夜思》，并跟随音乐搭配有歌词旋律的动态图片，同学们可以直观地看到旋律线发展的过程。

3. 带领同学们视唱《静夜思》前两个乐句，同时提出问题，前两个乐句有什么样的相似之处。

从起始音高、节奏的使用上，引导同学们寻找相同之处。引出“起承转合”结构中的“起、承”句的关系。

4. 引导教学——“起承转合”句式结构

学生 1：第一句与第二句，开头的音高一样。

学生 2：第一、二句中，都使用了附点节奏。

接下来，同样使用视唱+视奏的方法对比《静夜思》第三、四句与前两句的区别，讲解“转、合”句型结构。

学生 3：第三、四句的起始音高与前两句不一样。

学生 4：后两句的长度比前两句要少一个小节。

教师：第三句还出现了前两个乐句没有出现的节奏和音高跨度。这样的乐句称为“转”句。第四乐句为“合”句，特点是重复，完全重复或者变化重复。这是音乐的结构，我们再来分析一下诗句的结构关系。

床前明月光，
疑是地上霜。
举头望明月，
低头思故乡。

同样是“起承转合”的四句式结构。其实，旋律的创作是来源于诗句本身所具有的结构。接下来请同学们开始为《相思》这首诗搭配旋律，进行自由创作。

相　思

王维（唐）

红豆生南国，春来发几枝。
愿君多采撷，此物最相思。

要求：请根据已有起始句旋律，完整编创带有结构美的曲调，要遵循“起承转合”的结构特点。

起：根据声韵写作旋律

承：起句的变化重复

转：节奏、音高变化

合：起句或承句的重复

（三）为诗句编创旋律

1. 自主编创

同学们根据提前分好的小组，每 6 人围坐在一个键盘前，开始自由创作。大约 5 分钟左右。

教师主动发现，完成前两句编创任务的小组，将已有的阶段性成果展示在屏幕上，进行分析。

2. 编创成果示范教学

教师：首先，我们来看看这一组同学编创的起始句的旋律走向与诗词声韵的关系。我们一起来视唱以下第一句。

学生 1：诗句前 4 个字的声韵方向是向上的，但是与之搭配的旋律的发展方向却是向下的，相反了。

教师：那我们再来视唱以下第二句，看看与第一句关系如何。

教师弹琴，同学们视唱。

学生 2：单看第一句和第二句旋律的关系，他们基本相似，满足“起承”的关系。

教师：同学们分析得很准确，这一组同学需要将起始句的前半部分的旋律方向修改一下。也请还没有完成编创任务的同学们吸取经验，请同学们继续编创。

3. 作品分享与评价

教师：第 4 组同学，在最后一句，“合”句的结束，使用了“5”（sol）这个音，而没有向其他几组同学一样结束在“1”（do）音上。我们首先进行视唱，然后请同学们发表自己的感受。

学生 5：感觉好像没有结束。

学生 3：有一种期待感，未来感。

学生 2：好像如题目《相思》一样，“相思”结束不了，“相思”不能结束。

同学们的编创陆续完成。

必修5　音乐与舞蹈

舞蹈是以人体的动态形象反映人类生活、表达思想感情的艺术形式。舞蹈与音乐是亲密无间的艺术。学生在音乐与舞蹈模块的学习中，通过优秀舞蹈作品赏析和舞蹈表演实践，获得舞蹈艺术的审美体验；初步了解中外代表性舞种及艺术特征，理解音乐与舞蹈的关系；学习舞蹈的基本动作及动作组合，开展舞蹈表演与编创活动。

【内容要求】

5.1 结合舞蹈作品，了解舞蹈艺术的起源、发展、体裁及相关文化知识。鉴赏中外民族舞、古典舞、现代舞、芭蕾舞等不同舞种的代表性作品，简述其音乐风格与特点。

学习目标	实施建议
1. 通过查阅资料、观看视频资料、教师讲述、交流分享等方法，了解舞蹈艺术的起源。 2. 通过欣赏不同时期的舞蹈作品，了解舞蹈发展的基本脉络。 3. 掌握鉴赏舞蹈的基本方法。 4. 赏析具有代表性的舞蹈作品，并以此为例了解舞蹈体裁的分类，分析舞蹈作品的体裁。 5. 在舞蹈学习中，了解舞种的主要分类，在模仿实践中，总结各舞种的主要特征，并通过鉴赏作品，感受舞蹈作品与音乐的内在联系，结合相关文化，阐述其音乐风格与特点。 6. 在欣赏过程中，了解作品相关的代表人物。	1. 作为舞蹈模块教学要有别于专业训练，教学目标设置应有具体可测的目标，同时具有宏观的审美视角。 2. 可以简要了解舞蹈起源的多种理论，如模仿论、游戏论、巫术论、表情论、劳动综合论等，可将此内容作为起始教学，为后续的教学做铺垫。 3. 舞蹈发展的不同阶段是具有时代性的，可以时间为主线，引领学生对不同时期的舞蹈作品进行赏析，关注舞蹈与相关艺术之间的关系，有助于理解舞蹈发展历程及风格的延续演变。要在赏析中充分发挥舞蹈这门综合性艺术形式在美育中的重要作用。 4. 教学内容设置要综合教学目标，在鉴赏作品的甄选上，建议选择特点突出，能服务于多个教学目标且具有代表性的作品。 5. 在舞蹈体裁、舞种等方面的学习中，可多采用比较、模仿等教学手段，便于加深理解。

参考示例
1. 通过欣赏出土文物中关于早期乐舞的图片，如秦朝的“百戏俑”、西汉的“舞伎俑”等图片，了解舞蹈的起源及悠久的历史文化。 2. 欣赏不同体裁的舞蹈作品，如教材中《春江花月夜》《邵多丽》《天鹅湖》（片段）等舞蹈作品，了解舞蹈体裁的不同分类方式。按照舞蹈表现形式可分为独舞（单人舞）、双人舞、三人舞、群舞、组舞、音乐舞蹈史诗、歌舞、歌舞剧、舞剧；根据舞蹈不同的风格特点，可分为古典舞蹈、民间舞蹈、现代舞、当代舞；根据反映社会现实生活的方法塑造舞蹈形象的特点，可分为抒情性舞蹈、叙事性舞蹈、戏剧性舞蹈。宏观感受各舞种的不同风格。 3. 选择具有时代性、标志性和舞蹈特点突出的作品，了解舞蹈发展历程及代表人物在舞蹈发展中的突出贡献。 4. 欣赏舞蹈的同时，尝试探究舞蹈特点与历史、人文、地理等相关文化的联系内因，如藏族舞、蒙古族舞、维吾尔族舞等，简述舞蹈与音乐一脉相承的风格特点。

5.2 了解音乐与舞蹈的关系，根据舞蹈的节奏和情绪选配适合的音乐，或通过肢体动作表现舞蹈音乐的节奏特点和情绪、情感。

学习目标	实施建议
1. 尝试在音乐中模仿舞蹈基本动作，感受并分析舞蹈动作的线条、速度、力度等与音乐要素之间的关系。 2. 通过欣赏叙事性和戏剧性较强的舞蹈作品，总结如何用舞蹈的形式表达出统一的音乐情绪和舞蹈情绪。 3. 学习舞蹈基本动作或动作组合，为之选配风格特点与之相适应的音乐进行练习及表演。 4. 聆听不同的音乐，抓住音乐特点，随音乐用肢体动作表达和音乐一致的情绪、情感。 5. 舞蹈动作学习中，强化音乐感知力和节奏韵律感的培养。	1. 所学的舞蹈组合或基本动作要难度适宜、特征明显，在不同音乐中有较大的变化空间，便于学生感受音乐与舞蹈的关系。 2. 舞蹈动作是经过艺术提炼、组织和美化了的人体动作。很多都源于对生活和劳动以及对大自然各种运动形态的模拟、变形与加工。建议部分动作可选用模仿生活、劳动或与自然界运动形态有关的动作，加深对舞蹈来源的理解和体会。 3. 熟练掌握 4 个至 8 个八拍的简单动作，根据不同的音乐特点，随音乐在动作练习中对力度、速度、情绪表达等方面进行与之相适应的变化。 4. 在同一舞种的教学中，要关注不同时期的舞蹈作品，特别是近些年舞蹈风格多元化、融合化，出现了很多篇幅小、叙事性强的舞蹈作品，广泛欣赏有助于学生打开视野，更好地理解音乐与舞蹈的关系。

参考示例
1. 选择情感饱满、带有戏剧情节的舞蹈作为欣赏素材，如舞蹈《狼图腾》、舞剧《白毛女》（片段）等，通过欣赏作品、细致分析，引导学生了解音乐与舞蹈的紧密关系。 2. 可用高水平舞蹈类综艺节目中的作品作为教学的补充素材，如《舞蹈风暴》《舞林大会》等栏目的作品，帮助学生拓宽舞蹈视野，建立多元融合的视角，提升舞蹈欣赏水平。 3. 学习并熟练掌握代表性舞蹈的基础动作及组合，在不同音乐要素的作品中，让学生随音乐加入动作，感受同一动作在不同音乐中的不同表现，将音乐与舞蹈的关系直接在实践中得到明显的体验。例如学习中国古典舞的基本动作组合，让学生在《高山流水》《故宫》以及具有中国风或古风的流行音乐中完成组合，通过相同动作在不同音乐中变化的实践过程，体会音乐与舞蹈的关系。

5.3 学习有代表性舞种的基本动作及动作组合，并随音乐进行练习。

学习目标	实施建议
1. 了解舞种的基本分类，能辨别中外代表性舞种。 2. 学习代表性舞种的基本动作，在有标志性的音乐中完成动作学习。 3. 学习代表性舞种的动作组合，并随音乐练习，能将动作特点与音乐特点相结合。 4. 在表演中，较准确地体现不同舞种的动作特点和风格。	1. 舞种的分类有很多种，掌握基本的分类即可，更为细化的分类可以不深究。 2. 学习舞蹈基本动作要基于学情，练习和排练难度要循序渐进、量力而行，动作选择难度应适合面向全体。 3. 动作学习应关注舞种特点的体验与掌握，对于动作准确性的要求可以依据实际教学情况而定。 4. 部分舞蹈组合音乐节奏明晰、乐句规整，但情感色彩和地域特色不够鲜明，可选择适合的音乐配合动作进行练习。
参考示例	
1. 代表性舞种可选择国外的芭蕾舞、踢踏舞等，中国的古典舞、民族舞（蒙古族舞、藏族舞、维吾尔族舞、汉族秧歌等）以及当代舞、现代舞等。 2. 选择简单动作进行体验，如手位、手型、脚位等动作及组合，在基础的动作中感受舞蹈特点。 3. 选择与舞种相一致的音乐进行练习，加深动作体验。 4. 欣赏各个舞种有代表性的舞蹈作品，如《一个扭秧歌的人》《踏歌》《鸿雁》《天鹅之死》《茉莉花》《穿越》《溜溜的康定溜溜的情》《大河之舞》（片段）等经典作品，加深对不同舞种特点的认识。 5. 欣赏近年来舞蹈风格多元融合、情感表达细腻、叙事性强的一些新作品，如《守候》《草原随想》《儿时》等，拓宽舞蹈视野、丰富舞蹈语汇。	

5.4 学习有代表性的舞蹈或舞剧片段，注重中国民族民间舞和古典舞的学习。

学习目标	实施建议
1. 学习国内外有代表性舞种的基本动作或舞蹈组合。 2. 进行与学情相适应的舞蹈训练，选择经典且难度适宜的舞蹈作品或舞剧片段进行模仿学习。 3. 学习动作的同时加入队形练习，掌握常用队形，为编创舞蹈的学习做好铺垫。 4. 赏析经典舞剧，尝试模仿舞剧片段。 5. 赏析中国古典舞、民族舞优秀舞蹈作品，了解舞蹈艺术形成的文化内涵。 6. 通过对中国古典舞以及中国民族舞中具有代表性舞种的基本动作或舞蹈组合的学习，尝试模仿优秀剧目或舞剧中的片段，加深对中国舞蹈特点与文化的理解，提升整体舞蹈素养。	1. 对某一舞种特点的掌握，不仅要依靠理论支撑，还需建立在反复练习、多样体验的基础上，要引导学生多看同类作品，多模仿易学动作，从而得到更深的体会。 2. 在学习国内外有代表性舞种的动作时，可以紧抓动作特点的体验，多运用手型、手位、基本组合进行学习，选择简单易学、特点突出的动作作为教学素材。 3. 在舞蹈动作的教学中，对动作标准程度把握要适中，更多关注动作特点的体会和把握。 4. 在片段排练中，学习动作的同时，还要将队形的排练融入其中，让学生在排练中，能掌握基本的队形，做好编创的积累。 5. 在模仿舞剧片段时，关注舞剧本身的剧情，引导学生与角色产生共情，尝试在表演中带入用正确的情绪，用舞蹈表达内心情感，形成表情、动作、音乐的协调统一。

参考示例
1. 根据学情的不同可采用分层教学，依据学生不同的舞蹈基础、表现力和喜好，可划分多个小组，精选不同难度、不同风格的舞蹈作品作为学习内容。 2. 对于有深入学习能力和意愿的学生，可将模块教学与兴趣小组或学生社团联动起来，进行更具深度广度的练习，便于灵活组织教学。 3. 大量欣赏国内外优秀舞剧片段，提升学生整体的艺术素养，特别要关注中国作品，可欣赏并模仿我国早期经典芭蕾舞剧的片段，如《鱼美人》《红色娘子军》《白毛女》等作品，在实践中体会中国文化与外国艺术的融合以及本土化的表现。 4. 队形可学习常用的圆形、正反三角、正八、倒八、二龙吐珠、斜排、十字、丁字等。 5. 学习的舞蹈剧目，可不拘于教材，应有更广泛的选择。

5.5 根据指定或自选的音乐即兴编创舞蹈。

学习目标	实施建议
1. 通过现场观摩、欣赏作品、学习动作及组合、模仿舞蹈作品或舞剧片段等方式，积累代表性舞种的动作素材。 2. 聆听不同风格的音乐，特别是中国具有代表性的少数民族音乐，可以对音乐风格、音乐情绪做出正确判断，并能选出与之相适应的舞种。 3. 能够根据音乐风格、形式、情绪等特点，设计舞蹈动机。 4. 掌握基本的即兴编创方法，在创编单一动机或复合动机的基础上，能做出简单发展并随乐而舞。 5. 根据指定音乐或自选音乐进行即兴编创，做到音乐节奏与舞蹈节奏的契合，用舞蹈动作表达与音乐协调的情绪。	1. 要合理利用课堂时间，兼顾作品的赏析与舞蹈实践两方面，要扩大舞蹈作品的欣赏范围，拓宽对代表性舞种的既有认识，通过广泛的欣赏，积累丰富的舞蹈语汇，为即兴编创舞蹈奠定基础。 2. 教师要有意识地在舞蹈教学中贯穿不同风格的音乐，逐步培养学生的音乐感知力，在即兴编创时，对音乐做出敏锐的判断。 3. 可以从对音乐的形式体裁、地域风格、时代风格、情绪情感等方面入手，根据音乐寻找编舞动机。 4. 要有意识地将即兴编创的基本方法融入日常教学中，让学生在舞蹈练习中，能够体会到动机的发展，做好即兴编创的铺垫。 5. 教师要鼓励学生大胆尝试，做到动作随心、敢于展示。

参考示例
1. 在舞蹈欣赏中，模仿一些简单易学的动作及体态，如舞剧《一把酸枣》中的团扇舞、舞蹈《千手观音》中的动作及体态、蒙古族舞蹈《鸿雁》中的齐舞部分、山西秧歌《红灯笼》中的秧歌步等，欣赏中的模仿可拉近学生与舞蹈艺术的距离，积累丰富的舞蹈素材。 2. 熟练掌握中外代表性舞种的基础动作及舞蹈组合，可加大对中国舞蹈的学习力度，如中国古典舞、民族民间舞中的汉族秧歌、蒙古族舞、藏族舞、朝鲜族舞、维吾尔族舞、傣族舞等，在实践中进一步掌握相应的音乐特点，可提升根据音乐即兴编创舞蹈的能力。 3. 在听到音乐时，有意识地对音乐的风格进行判断，并思考什么舞种、哪些动作可以与之相配。 4. 在即兴创编中，可主要以舞蹈动机的方向、强弱、速度发展为主要方法。

5.6 学习舞蹈编排的基本常识，根据音乐设计与之相应的舞蹈动作及队形，进行舞蹈排练。

学习目标	实施建议
1. 了解舞蹈编排的基本方法。 2. 把握音乐情绪情感，根据个人对音乐的主观感受，设计舞蹈主题。 3. 分析音乐风格特点及结构，根据音乐编创主题动作，尝试舞蹈编创以及排演。 4. 简单掌握舞蹈编创的基本方法，能运用“拆分”“重组”“变方向”“变节奏”等方式进行简单编创。掌握基本的舞蹈队形，能结合音乐结构和情绪，把握好变化节点，用恰当的动作在编排中适时变化队形。 5. 在集体编创及排练中，树立良好的合作、协调意识。	1. 教师在日常的舞蹈组合编排中，可有意将舞蹈编排的基本方法融入其中，可在舞蹈编排时形成已有体验，让学生更容易掌握编排方法。 2. 动作创编要经过深思熟虑，不能靠想象来做动作，要通过实践多次尝试，可设计几个方案反复推敲。 3. 在日常教学中要始终注重对学生音乐感知力和理解力的培养，要特别重视学生对节奏韵律感知的敏锐。 4. 提前有针对性地帮助学生积累丰富的舞蹈语汇。 5. 学生的编排能做到有意识、有过程、有表演、有结果即可，对于编排效果可不做过高要求。
参考示例	
1. 模仿生活中的动作，如读书、骑车、课间活动等，也可模仿生活中的人物，如老人、老师、军人等，并尝试艺术加工，编创舞蹈动机。 2. 舞蹈编排可经由教师指导进行集体排练，逐步过渡到学生自主排练、互助排练。如在学习蒙古族舞蹈时，学生可通过学习蒙古族基本手型、基础动作完成舞蹈组合的学习，在此基础上教师加以队形和造型的编排，形成集体舞蹈，而后再由学生分组完成舞蹈编排。经由循序渐进的学习，学生的排练会基于动作学习及集体排练的经验，做到既有模仿也有变化发展。 3. 舞蹈编创可选择小组为单位，让每一小组都有不同水平层次的学生，可以让基础好的学生发挥特长进行自主、互助排演，提升整体编排质量。	

5.7 能够对舞蹈作品的风格特点、情感表达及艺术表现作简要分析，并对自己、他人或集体的舞蹈表演做出较为客观的评价。

<table>
<tr><th>学习目标</th><th>实施建议</th></tr>
<tr><td>1. 通过不同舞种、不同体裁、不同时期的舞蹈作品欣赏，初步形成舞蹈作品赏析的方法。
2. 能结合音乐特点及舞蹈的相关文化知识，将舞蹈作品的风格特点进行简单的阐述。
3. 能通过自身的已有经验，理解作品的精神内涵，与作品产生共情，并用自己的语言总结出来。
4. 对作品中编排、队形等艺术表现进行简要分析。
5. 通过即兴编创、小组排练、片段表演等形式，大胆展示，客观分析交流内容的优缺点，并能做出评价和分享。</td><td>1. 在每一阶段的学习中，应始终贯穿舞蹈鉴赏的基本方法，在教师的引导下，使学生逐步形成对舞蹈艺术的鉴赏能力，知道“看什么”“说什么”。
2. 提升文化知识和综合素养，有助于理解舞蹈作品的精神内涵。
3. 赏析要结合创作背景、地域文化、民族性格、创作意图等因素。
4. 对于艺术表现的分析，可从表现形式对于舞蹈整体内容和情感表达的作用入手。
5. 多进行即兴、编排等展示活动，搭建学生相互交流、分享、学习、评价的平台。</td></tr>
<tr><th colspan="2">参考示例</th></tr>
<tr><td colspan="2">1. 积极投入社会实践，多参与多观察，积累生活经验，可以有助于领悟舞蹈内涵。
2. 在小组编创等活动中制订评分表或评分要求，评分项目即是舞蹈表演成功与否的核心部分，通过让每位学生都当“评委”，并在评分的过程中，加入“点评”环节，提升对舞蹈作品的分析能力。
3. 可组织优秀舞蹈作品推荐会，给学生提供一些特点鲜明、风格迥异的优秀舞蹈作品，如中国舞蹈作品中展现意境美的作品《春江花月夜》《春江行》《只此青绿》《六月清荷》等；展现思想倾向的作品《半屏山》《东方红》等；展现传统习俗和生活情趣的作品《喜背新娘》《草原汉子》等；展现生动形象的作品《雀之灵》《蛇舞》《朱鹮》《两棵树》等；展现人物塑造的作品《我家门前过大军》《爷爷们》等。再如外国作品《仙女》《睡美人》《巴赫的最后一天》《萨帕特奥之舞》等，通过学生之间相互推荐自己喜欢的剧目并阐述推荐理由的过程，提高对舞蹈风格特点、情感表达、艺术表现等方面的鉴赏能力。</td></tr>
</table>

案例：音乐与舞蹈教学

（执教教师：宁晶晶）

课题：《汉族民间舞蹈——东北秧歌》

教学目标

1. 跟随教师模仿学跳东北秧歌基本动作，感受其基本动律，并在模仿实践中体会东北秧歌的基本风格。

2. 通过欣赏东北秧歌舞蹈作品，结合实践体验，总结东北秧歌的特点。

3. 通过选配音乐、集体排练、即兴表演，加深对东北秧歌风格的体验和掌握。

4. 在欣赏、体验、编创中感受东北秧歌特有的美感，探究秧歌产生的原因，对中国民间舞产生学习兴趣，认识汉族民间舞蹈在中国传统文化中的重要地位。

教学重点：学习东北秧歌基本动作，能跟着音乐做集体舞排练。

教学难点：在实践中探究东北秧歌的特点。

教学活动过程

（一）舞蹈导入，初识东北秧歌

1. 教师边唱边舞，引入本课。

教师：唱大家耳熟能详的东北民间小调《小拜年》的片段，边唱边跳东北秧歌的动作，并提出问题。

设问：唱的是什么地方的民歌？运用了什么舞种？

学生：唱的是东北的《小拜年》，跳的是秧歌，属于中国民间舞。

2. 欣赏东北二人转《小拜年》的视频片段，引导学生关注视频中的舞蹈动作。

提出要求：尝试记住一两个动作，初步感受东北秧歌的风格。

学生：观看视频中的舞蹈动作。

3. 请学生和教师一同跟随《小拜年》的音乐即兴地配合表演。

教师依据学生完成情况，适当指导，做出有标志性的动作或造型。

【设计意图】

（1）东北秧歌是汉族民间舞种当中非常有代表性的舞蹈，流传广泛且极具群众性，通过教师表演、视频欣赏、参与实践，在导入部分层层深入，激发学生的学习兴趣。

（2）在学生的参与中，把握好动作的难易，拉近学生与本节课教学目标的距离。

（二）实践体验，感受东北秧歌

1. 了解秧歌的起源

民间舞很多动作都来源于生活和劳动，秧歌也是如此，教师做几个与生活劳动相似的东北秧歌舞蹈动作，引导学生发现这一特点。

设问：秧歌是如何产生的？

学生：观察教师的示范动作，在教师的引导下作答，发现有些动作与插秧或其他劳动形态有关。

教师为学生介绍秧歌的由来。

学生：秧歌的起源，汉族民间有一种说法是古代农民在插秧、拔秧等农事劳动过程中，为了减轻面朝黄土背朝天的劳作之苦，所唱歌曲，逐渐形成了秧歌。对“抗洪胜利载歌载舞形成秧歌”及“祭祀土地爷”的说法也通过教师介绍进行了解。

【设计意图】

通过了解秧歌的起源，能明白中国民族民间舞很多来源于生活、劳动，强化学生在教学中对舞蹈动作的理解和模仿，同时认识到民间艺术是劳动人民智慧的结晶，增强文化自信。

2. 了解东北秧歌的基本分类

教师介绍东北秧歌的分类，有地秧歌、高跷秧歌、二人转三大类。

表演形式喜闻乐见，通过图片进行了解。

3. 了解东北秧歌的常用道具

教师展示图片和实物。

学生了解手巾花、舞扇、绸子等道具。

4. 学习手巾花的持握

教师示范，主要关注动作要点。

学生：

A. 双手从两角之间抓至圆心。

B. 掌心朝上，用中指尽量找腕心。

C. 快速向外翻腕，掌心向外立起同时下拉。

教师喊拍子带领学生做动作，同时要变换动作方向，逐步加入压脚跟动律。

学生跟随教师熟练掌握动作。

【设计意图】

（1）熟练掌握持握手巾花的基本动作，是本节课学习基本动作的基础，会贯穿整个动作学习以及表演编创中。

（2）带领学生做手部动作，但教师不断加入方向变化和动律，为学生下一步的动作学习做出准备。

5. 学习东北秧歌体态及动律

教师示范体态，让学会观察体态的特点。

学生观察到上身前倾、收颌、膝部稍曲，并尝试模仿。

教师在示范体态的基础上，边做边讲解“压脚跟”的要领。

学生学习中通过多次练习，逐步关注身体前倾但重心稳定，肘部内关但不驼背，膝部弯但不下坐等问题。感受到重拍向下、膝关节有支点等特点。

6. 基本动作的学习

教师带领学生学习基本动作。

学生在老师的示范下学习“单臂花”“双臂花”“大交替花”“小交替花”“小燕展翅”“蚌蛤花”。

教师教授“单臂花”“蚌蛤花”一个方向的动作，让学生尝试做另一个方向，教授“大交替花”“小交替花”加入脚步动作、方向和节奏的变化。

【设计意图】

（1）先学习基础动作，对动作有了体验后在接下来的赏析探究中会比直接观看有更深的体会。

（2）在动作学习中让学生尝试反方向动作的探究，更有利于对动作动律及特点的体会。

（3）尝试动作变化是为了对动作组合学习做铺垫，将组合中需要改变的方向、节奏融入动作学习中。

7. 完成动作组合

教师播放音乐，带领学生完成组合。

学生随着音乐，按照教师的提示，跟着教师的示范完成组合，在音乐中进一步感受东北秧歌的特点。

【设计意图】

（1）音乐播放的仍是前边出现过的《小拜年》，到此环节，音乐已经出现三次，学生对东北民间音乐和舞蹈一脉相承的风格特点有了更进一步的认识。

（2）在音乐中完成组合练习，为接下来的集体编创积累动作素材。

教师在纠正学生的动作同时，告诉学生动作的学习只完成了“形似”，还要进一步对东北秧歌的韵味特点进行学习。播放舞蹈家王晓燕表演的《大姑娘美大姑娘浪》，找出舞蹈风格的特点，说出舞蹈和音乐如何结合来表现相一致的情绪。

学生观看视频，尝试总结其特点，发现音乐与舞蹈之间密不可分的关系。

教师通过动作示范和动作对比，引导学生尽可能准确地总结其特点。

学生总结出东北秧歌火爆、泼辣，“稳中浪、浪中艮、艮中俏”“踩在板上扭在腰上”的特点，并跟随老师，带着感觉将组合重做一遍。

【设计意图】

（1）在学习基础动作的基础上，再来观察分析，体会更为深刻，更容易找到东北秧歌的特点。

（2）学习基础动作，找出了风格特点，为完成集体排练打下基础。

（3）通过欣赏、实践，引导学生体会音乐与舞蹈的关系。

（三）随乐而舞，舞出东北秧歌

1. 为动作选配合适的音乐

教师出示三段音乐，分别是《茉莉花》（江苏民歌）、《月光下的凤尾竹》（云南民歌）、《小看戏》（东北民歌），请学生为所学的动作选配合适的音乐。

学生在三段旋律中选择了第三段，并说明原因，阐述所选音乐在速度、力度、情绪、音乐风格等方面的特点，通过《小拜年》《小看戏》的谱例对比，发现调式以宫调式居多，所以调式的特点也是风格形成的原因之一。

【设计意图】

（1）在教学中引导学生为动作选配情绪、节奏相适应的音乐，进一步加深学生对音乐与舞蹈关系的理解，强化音乐感知力和节奏韵律感的培养。

（2）简要分析音乐找出共性，能对中国的民间艺术有更深刻的了解。

2. 在音乐中灵活运用所学动作完成舞蹈组合

教师出示舞蹈动作顺序“公式”，播放音乐，带领学生在音乐中按照特定的顺序完成所学动作。

学生依据教师所给的顺序尝试在音乐中完成。

（引子）造型

（主歌）单臂花+双臂花+小交替花

（间奏）压脚跟+手部基本动作

（主歌）小燕展翅+压脚跟

（间奏）压脚跟+手部基本动作

（主歌）蚌蛤花+大交替+小交替

教师边示范边语言提示。在基本动作完成后，加入变化。在“小交替花”中加入转圈完成，在“小燕展翅”中加入以列为单位的交替以及队形变化。

【设计意图】

舞蹈模块的教学面向全体学生，大多数学生没有舞蹈基础，在起始课上可以独立完成编创的学生很少，特别是男生参与度会降低，所以加入半即兴式的集体排练，既降低了编创难度，又进一步感受了舞蹈与音乐的结合，加深了东北秧歌舞蹈特点的体验。

（四）集体合作，表演东北秧歌

教师在引子处随机找六名同学在每一个乐句开始处以舞蹈的方式达到指定位置即兴表演看戏的动作，并在教师提示下统一返回原位置。在音乐结尾处让全体同学聚集在指定位置即兴做出看向同一方向的造型，要求错落有致。

学生在教师的提示中，完成呈现集体排练成果。

【设计意图】

通过给学生特定的任务在音乐中完成，降低即兴表演的难度，同时感受舞蹈艺术的魅力，激发参与表演热情。

（五）观看视频，欣赏与时俱进的民族艺术

教师播放舞蹈作品片段，引导学生观察其中民族舞蹈元素与街舞融合的部分。

学生欣赏视频并相互交流，充分感受到民族舞蹈与时偕行，在多元文化融合的时代中不断焕发新的活力。

【设计意图】

通过欣赏视频，引导学生关注民族文化艺术，并使其认识到近年来青少年广为喜爱的中国风、民族风、国风等风格的作品都是在民族传统文化艺术中加入了现代艺术元素而成，有助于学生进一步认识到舞蹈艺术在中国传统艺术中的重要地位，从而提升文化自信。

必修6　音乐与戏剧

戏剧是将文学、音乐、美术、舞蹈等视觉与听觉表现元素有机综合于一体的艺术形式。音乐与戏剧模块的教学，一方面对经典戏剧作品进行赏析，通过观赏、体验、理解、比较等途径，使学生初步了解戏剧艺术的一般规律，认知不同戏剧品种的主要特点以及戏剧中音乐的地位和作用；另一方面，因地制宜地组织学生积极参与不同形式的戏剧表演和编创实践，发展学生综合艺术表演及戏剧编创才能。

【内容要求】

6.1 欣赏中国戏曲与中外歌剧、音乐剧及戏剧配乐等，了解戏剧构成的主要元素，认知音乐在不同类别戏剧艺术中的地位与作用。

学习目标	实施建议
1. 欣赏中国戏曲，认识民族戏曲传承的重要意义，重视以京剧为代表的民族戏曲。 2. 学习和掌握基本的戏曲知识、戏曲的发展历程、艺术特色、戏曲行当、戏曲音乐、戏曲脸谱、戏曲剧种等，对中国戏曲有基本的了解。 3. 从总体上了解昆曲的历史地位、人文内涵及艺术价值。 4. 通过欣赏不同时代的中外歌剧、音乐剧，初步领略音乐与戏剧相结合的艺术魅力及对中外歌剧的艺术表现进行对照、比较和理解。 5. 通过对优秀且具有代表性的中外戏剧作品及戏剧配乐进行介绍与分析，学习了解戏剧的基本常识，对音乐在戏剧中的作用及意义有初步认知。	1. 戏曲教学是新课标的要求，是高中音乐与戏剧教学模块的重要组成部分，建议在教学中着重讲解中国戏曲中的代表性剧种。 2. 在戏曲教学中运用PPT、音视频、影像等多种方式呈现教学内容，形象生动地讲授戏曲的基本知识和发展历程，增强戏剧教学的直观性，激发学生的学习兴趣。 3. 认识、欣赏昆曲，选择具有代表性的作品，如汤显祖的《牡丹亭》。 4. 选择欣赏素材的原则应是：经典的、有趣的、学生相对熟悉的作品。经典素材能充分体现戏剧的特点、展现其艺术魅力，有说服力；有趣的素材可以是学生相对熟悉的作品，能够引发学生共鸣。 5. 重视通过网络资源、戏剧名家、师生之间合作与交流的学习方式。 6. 本部分学习目标的达成需渗透在音乐与戏剧教学的全过程。

参考示例
1. 了解中国古典戏剧元曲四大家：关汉卿、王实甫、汤显祖、马致远及其代表性作品。 2. 学习昆曲及其音乐特点，如《牡丹亭》《紫钗记》《邯郸记》《南柯记》等。 3. 围绕以京剧、豫剧、越剧、评剧、黄梅戏五大戏曲剧种为核心的中国戏曲鉴赏与认知。如京剧在文学、表演、音乐、舞台美术等各个方面都有一套规范化的艺术表现形式。 4. 对山西四大梆子为主的山西戏曲进行鉴赏或观摩，如晋剧《于成龙》、蒲剧《土炕上的女人》等。 5. 欣赏民族歌剧《白毛女》《江姐》《党的女儿》《洪湖赤卫队》等红色经典。如《江姐》中的著名唱段《红梅赞》，旋律明朗刚健、起伏跌宕，以一字多腔的演唱勾画出江姐沉着刚毅的艺术形象，表现了共产党人坚定的革命理想信念。 6. 欣赏外国歌剧《茶花女》《图兰朵》《卡门》《霍夫曼的故事》等。 7. 欣赏音乐剧《玉鸟“兵战”》《猫》《悲惨世界》等。 8. 观摩山西本土舞剧《一把酸枣》《黄河》《粉墨春秋》、话剧《太行》、音乐剧《火花》等。

6.2 选配适当的音乐，有表情地朗诵散文、诗词、寓言、童话等文学作品。

学习目标	实施建议
1. 通过配乐朗诵一些经典的散文、诗词、寓言、童话等文学作品，增强学生的语言表达能力，表达自己的内心情感。 2. 从简单的气息、发音、咬字练习入手，学习朗诵的基本技巧，进行一些配乐选材，养成学生基本的朗诵表演能力。 3. 用清晰、响亮和富于表现力的声音，并配合其他手段形式，感受优秀文学作品的文化内涵之美，展现文学作品内涵和思想感情。 4. 通过朗诵教学训练，陶冶学生情操，提升文学修养和对语言词汇细致入微的体味能力，以及对朗诵艺术的审美判别能力。	1. 建议在诗歌朗诵时，引导学生用清晰的语言、响亮的声音、优美的体态，把作品有感情地向听众表达出来，以传达诗歌的思想内容，引起听众的共鸣。 2. 朗诵选择的文学作品应具有规范性、经典性的特点，要求朗诵时使用普通话。 3. 可以加入歌曲演唱、朗诵比赛等辅助手段，提高学生的学习兴趣和朗诵能力。 4. 教学中要加强朗诵基础知识的介绍和技能技巧的训练，帮助学生不断积累和掌握朗诵技巧，深化对朗诵艺术的认识，并能够将获得的审美感知融会贯通地运用在其他作品的朗诵中。 5. 教师在评价时要注意学生的气息、咬字吐字的状态和对内容与情感的把握，对于手势、眼神、表情的要求不必太苛刻。 6. 引导学生在了解朗诵作品的时代背景、作者经历和思想内涵的基础上，深刻理解和把握作品的特点，并在朗诵中运用声音把作品蕴含的形象、情景、思想、哲理等表达出来。

参考示例
1. 了解朗诵的分类。作为语言艺术，主要面对三种类型的文学作品：散文类、小说故事类及诗词类。 2. 学习散文类作品的思想感情。该类作品多为触景生情、借物寄情，不同的景物可以激发不同的情感。在阅读时，重点放在景物和人物带给作者的感受上，用以了解作品的思想感情。如朱自清的《荷塘月色》等。 3. 了解小说故事类作品中的矛盾冲突。该类作品多为表达故事中的人物与事件的发展，其思想感情是通过故事发展、人物与人物之间的心理变化以及矛盾冲突流露出来的。所以，侧重点要放在体会作品中不同人物的情感变化上。如契诃夫的《变色龙》、寓言故事《卖火柴的小姑娘》等。 4. 学习诗词类作品的抒情方式。该类作品多为借助精练的语言来体现丰富的情感，除认真阅读诗词主体外，还要借助标题了解时代背景、创作缘由和作者的创作风格，领悟作品的寓意。如徐志摩的《再别康桥》、李白的《将进酒》、艾青的《我爱这土地》等。 5. 诗歌作品朗诵时要配合音乐。音乐的选择要从整体速度、节奏、韵律等方面服务于人物形象的塑造，努力做到诗歌与音乐完美融合。 6. 朗诵比赛是检验朗诵教学效果的方式。在学生掌握简单朗诵技巧后，可通过组织朗诵比赛活动的方式，提高学生朗诵学习的兴趣。

6.3 选择适当的题材，编创有配乐的戏剧小品或小型音乐剧，并参与排练及演出。

学习目标	实施建议
1. 了解戏剧创作在时间、地点和情节三者之间保持一致性的戏剧结构理论。 2. 尝试从身边熟悉的实物或文学作品中提炼戏剧素材，进行戏剧编创。 3. 通过编创戏剧小品和音乐剧作品以及参与排练演出，对戏剧人物的刻画、表现方式、创作手法、作品风格等有深刻的理解。 4. 通过排练及演出，提升表演能力、歌唱水平、鉴赏能力，为学生音乐素养的发展奠定良好基础。	1. 在戏剧编创及表演教学中，要发挥教师或影像资料的示范作用，指导学生从模仿教师、名家的演唱及表演入手。 2. 引导学生先从生活中熟悉的人和事入手，撰写戏剧剧本。 3. 引导学生尝试从自己喜爱的文学作品中提炼戏剧素材。 4. 对学生的习作进行讨论和评议，并在实际排练和演出中进行实践检验，不断修改完善。 5. 邀请戏剧剧作家进课堂，与学生交流并解答戏剧编创的技巧和方法。 6. 通过积累促使学生完成从观众到创作者的角色转换，最终达到“戏剧鉴赏——戏剧表演——戏剧编创”三位一体的教学模式，拉近学生与戏剧的距离。

参考示例
1. 了解戏剧小品的代表作品。戏剧小品的发展与社会生活内容息息相关，学生在编创中应掌握戏剧小品的情趣性、大众性和灵活性，以及语言的通俗化、形象化特点。 2. 了解戏剧小品的创作风格。学生在编创戏剧小品时要尽力做到短小精悍、内蕴深刻、以情感人、以趣乐人，最终给观众以启迪。 3. 了解我国戏剧小品的类型。从表现手段上主要有戏曲小品、话剧小品、歌剧小品等。 4. 了解音乐剧的基本知识。构成音乐剧最重要的三大要素是戏剧、音乐和舞蹈。 5. 选择适当的题材，编创有配乐的戏剧小品或小型音乐剧。学生在学习编创音乐剧过程中，观摩并分析著名的音乐剧作品，编创反映高中生现实生活的小品或散文、诗歌等。 6. 改编一些戏剧小品或音乐剧的某些片段。可以截取生活的一个片段、一个瞬间、一个场景、一个笑话，甚至是一个动作，以小见大，反映深刻内容，在创演过程中学习和提升表演能力和歌唱水平。

6.4 学唱我国戏曲唱段及中外歌剧选段

学习目标	实施建议
1. 通过对戏剧的鉴赏和理解，亲身体验和学唱我国戏曲唱段和中外歌剧选段，增强学生学习和参与戏剧表演的兴趣。 2. 通过学唱我国戏曲唱段及中外歌剧优秀选段，掌握简单的戏剧表演技巧和演唱技巧，对戏曲和歌剧有初步的认知。	1. 有选择性地学习有代表性的优秀戏曲片段和歌剧选段。根据学生实际情况和能力，结合教师自身的特长和优势开展教学。 2. 以组建戏剧小组的形式进行戏剧学唱教学。 3. 挑选合适的戏曲与歌剧作品，从中摘选出符合学生学习特点与学习需求的片段进行教学，将戏曲与歌剧艺术带入高中音乐课堂。 4. 在挑选戏曲与歌剧作品时，教师要优先将学生较为熟悉的、符合学生兴趣爱好的作品作为排练对象。在挑选片段时，避免选取剧情复杂、对演唱能力要求过高的戏曲与歌剧作品。 5. 有针对性地组织学生观摩或参与戏剧表演，丰富学生的戏剧体验。

参考示例
1. 学习昆曲的代表作品。昆曲《牡丹亭》是明朝文学家、戏剧家汤显祖的代表作。学生可简单学唱《牡丹亭》中较有代表性的曲目《游园惊梦》片段，感受昆曲的韵味。 2. 学唱京剧《贵妃醉酒》《空城计》《智取威虎山》《红灯记》《杜鹃山》《沙家浜》等。 3. 选择性学唱全国地方戏曲剧种的优秀作品等。如熟悉的豫剧《花木兰》中“谁说女子不如男”选段、评剧《花为媒》中“报花名”选段、越剧《红楼梦》中“天上掉下个林妹妹”选段、黄梅戏《天仙配》中的“满工对唱”选段等。 4. 选择性学唱本土的戏曲剧种，如山西四大梆子。山西戏曲在中国的戏曲史上占有十分重要的地位，特别是晋南地区，是中国戏曲艺术的发源地之一。 5. 大致了解中国歌剧的创作历程和代表作品。 6. 学唱中国歌剧经典唱段，如《江姐》中的《红梅赞》主题曲，句式和全曲的结构都比较方整，曲调朴实婉转优美，高低音区变化突出，朴实中又具有高亢坚定的特点。《洪湖赤卫队》中的《这一仗打得真漂亮》，《伤逝》中的《紫藤花》，《长征》中的《我的爱人你可听见》以及歌剧《运河谣》的主题曲等。 7. 选择性鉴赏、体验歌剧唱法和了解歌剧的相关知识，侧重感受歌剧咏叹调、重唱、合唱经典作品的艺术魅力。

6.5 了解我国主要的传统戏曲及中外歌剧的起源与发展线索，知晓其主要代表人物及艺术成就，并对其中的代表性作品做出简要评价。

学习目标	实施建议
1. 学习我国传统戏曲及中外歌剧的起源与发展，对戏剧知识有全面而充分的认识。 2. 掌握并知晓我国传统戏曲中的元曲四大家、四大声腔系统、剧种数量及戏曲音乐特点等。 3. 了解我国传统戏曲名家，如京剧梅兰芳、豫剧陈素真、越剧袁雪芬、评剧新凤霞、黄	1. 运用多媒体将我国传统戏曲和中外歌剧的相关史料展现给学生观看，并配上相关图片，如戏曲名家的照片、戏曲的伴奏乐器、戏曲演员的服饰以及戏曲舞台的舞美设计、戏曲的曲谱等，让学生在学习戏曲和中外歌剧的起源与发展时，不觉得枯燥、乏味，能较快地熟悉并知晓戏曲与歌剧的来龙去脉。 2. 讲解戏曲和歌剧的历史发展、主要人物及其代表性作品时，可结合 PPT 将戏曲与歌剧代表人物的图片、音频、影像材料同时展示给学生，使课堂生动活泼，调动学生学习戏曲与歌剧理论知识的热情。

梅戏严凤英等优秀戏曲表演艺术家及其代表作品。 4. 知晓山西传统戏曲名家及其代表作品。 5. 学习和鉴赏我国传统戏曲与中外歌剧的相关理论知识，尝试分析代表性作品的艺术特点及文化内涵，能准确表达自己的观点，并对作品做出简要评价。	3. 学生分组讨论、比较传统戏曲和中外歌剧艺术的异同之处，如音乐特征、表现方式、主题思想等。 4. 可以选取代表性歌剧的经典唱段让学生欣赏并听辨，引导学生在对比欣赏中感受歌剧、了解歌剧、走近歌剧，并能够在课余时间走进音乐厅，完整地欣赏一部歌剧。 5. 教学评价的标准，根据学生完成的实际情况进行设定。教学评价既要给学生一定的鼓励，又要细化评价标准。
参考示例	
1. 大致了解我国传统戏曲艺术的历史发展脉络。例如，我国传统戏曲主要是由民间歌舞、说唱和滑稽戏三种不同艺术形式综合而成。我国的戏曲与希腊悲剧和喜剧、印度梵剧并称为世界三大古老的戏剧文化，经过长期的发展演变，逐步形成了以京剧、越剧、黄梅戏、评剧、豫剧等五大戏曲剧种为核心的中华戏曲百花苑。 2. 学习戏曲音乐在戏曲表演中的作用。如戏曲音乐包括声乐部分的唱腔、韵白和器乐部分的伴奏、开场及过场音乐。 3. 知晓我国的元曲四大家，了解我国传统戏曲中的“四大声腔”，现在通行的说法是指梆子腔、皮黄腔、昆腔和高腔。 4. 了解歌剧的相关知识，欣赏、体验歌剧的演唱形式与表现手法等，侧重感受歌剧咏叹调、重唱、合唱经典作品的艺术魅力。	

6.6 能够简要分析不同戏剧剧目的风格与特点，并对自己、他人或集体的戏剧排演做出较为客观的评价。

学习目标	实施建议
1. 掌握一定的戏剧分析技巧，学会从艺术角度、审美角度、文学角度、舞台角度、演员人物角度分析剧目风格和特点。	1. 在观摩演出时引导学生关注戏剧冲突，以及戏剧作品的特点、戏剧表现的主题、戏剧剧本的风格等。 2. 在观看学生排演戏剧节目时，可以与学生一起交流、讨论演员们的表演技能、服装搭配、化妆造型、舞美制作和舞台灯光等问题。

<table>
<tr><td>2. 学习和观摩戏剧表演，对自己、他人或集体的戏剧排演做出较为客观的简要评价。
3. 对代表性戏剧剧目或实践排演做出较为准确的判断及中肯的评价。</td><td>3. 鼓励学生发表自己对戏剧剧目的见解、观点，对戏剧排演的整体效果进行分析和评价。
4. 表演时，建议教师给予学生鼓励性评价，及时纠正、引导学生，帮助学生建立表演自信，对表演中的亮点给予专业评价。</td></tr>
<tr><td colspan="2">参考示例</td></tr>
<tr><td colspan="2">1. 熟悉戏剧经典剧目，知道一些重要的人物角色和演员。如京剧《贵妃醉酒》（又名《百花亭》）是一出单折戏，取材于中国唐朝历史人物杨贵妃的故事，经过中国著名京剧表演艺术家梅兰芳先生创作、表演而广为人知，是梅派代表剧目之一。再如现代京剧《红灯记》，是八一电影制片厂1970年摄制的。
2. 分析和判断戏剧剧目的风格特点，如歌剧《江姐》。学生要从歌剧《江姐》的音乐元素、音乐风格、表现形式及歌剧演唱中呼吸的节奏、吐字咬字、演唱技巧等方面，对歌剧进行深入详细的分析，从音乐角度阐述歌剧《江姐》的艺术特色，以此来加深学生对歌剧咏叹调的理解以及在歌唱中如何更好地运用演唱技巧和真实的情感，从而做出客观评价。
3. 与学生交流观看戏剧演出后的印象和感受，分析评价有触动的内容或情节。
4. 在教学中可以根据实际情况，将本模块教学与选择性必修课程中的戏剧表演模块结合起来。</td></tr>
</table>

案例：音乐与戏剧教学

（执教教师：路晓）

课题：原创情景剧《觉醒》

教学目标

1. 审美感知：依托对“一二·九”运动相关史实的了解，体验历史之真、语言之雅和艺术之美的融合。

2. 艺术表现：综合运用舞台表演、演讲朗诵、歌唱、配乐等艺术形式，演绎原创情景剧《觉醒》，刻画爱国青年学生的人物形象。

3. 文化理解：着眼于历史与现实的对话，弘扬当代青年传承爱国精神，树立家国情怀，强化使命担当意识。

教学活动过程

（一）项目缘起

“一二·九”运动是1935年国家危难之际，中国共产党领导的抗日救亡运动；是体现青春中国、朝气蓬勃的爱国精神的力量之源；是对学生进行德育教育，突出立德树人根本任务的生动素材。

2020年，适逢“一二·九”运动八十五周年，让同学们亲身体验一次跨学科项目学习——以《觉醒》为题的四幕情景剧。通过一堂别开生面的音乐思政课，弘扬时代精神与家国情怀。

项目预期目标：

情景剧《觉醒》，以“一二·九”运动的相关史实为基础，融合历史之真、语言之雅和艺术之美，综合运用舞台表演、演讲朗诵、歌唱等艺术形式，展现“一二·九”运动的时代背景，刻画爱国青年学生的人物形象，弘扬爱国主义精神和强化使命担当意识。

对创作人员而言，是难得的跨学科学习过程；对参演的同学而言，是提高自身综合素养的过程；对师生观众而言，是深入了解历史知识，感受艺术魅力的过程。

【设计意图】

明确学习目标，以核心素养为轴，体现五育并举综合素质培养的育人方向。

（二）项目设计

1. 项目组具体分工

情景剧《觉醒》，在规划之初就定位为跨学科、融合式的项目学习，项目组制订了进度安排，进行了明确分工，确保了按计划、高效率实施。

工作模块	时间进度
情景剧脚本创作	一周
脚本润色、同学创作搜集	一周
演员选拔、分角色	一周
演员合练、舞台排演	两周

2. 脚本创作的思路

脚本创作要在尊重史实的基础上，以“觉醒”为主题，展现 1935 年 11 月至 12 月初，北平在校学生从逐步接受“停止内战，一致抗日”的救国主张，到走上街头喊出时代最强音，最终汇入全民族抗战洪流的历史进程。起初是按三幕剧进行设计。

第一幕：关于抗战的辩论

第二幕：同仇敌忾，抗日救国

第三幕：街头抗争，无惧牺牲

这一设计，突出了历史发展的主线，将“一二·九”运动的叙事具体化为三个场景，体现了不断“觉醒”的过程。后来经过讨论，又增加了第四幕“尾声”。意在着眼于历史与现实的对话，反映当代青年对爱国精神的传递，增强责任、使命与担当，积极奋进新时代。

【设计意图】

选择学生喜闻乐见的形式，让枯燥的资料生动起来，让同学们看得懂、能融入、有共鸣，让思想教育潜移默化、润物无声，增强学生对这一历史事件的深入了解。

（三）项目实施

1. 情景剧《觉醒》

教师：我们通过综合运用舞台表演、演讲朗诵、歌唱、配乐等艺术形式，演绎原创情景剧《觉醒》，展现“一二·九”运动的时代背景，刻画爱国青年学生的人物形象，呈现这部原创情景剧《觉醒》。

人物

学生甲、学生乙、学生丙、学生丁、学生戊、学生已

群众甲、群众乙、群众丙

学生领袖4人

学生群演8人

画外音1人

第一幕：关于抗战的辩论

教师：第一幕“青年学生在教室的辩论”。主要展现1935年11月越来越紧张的时局，汉奸在平津作乱，妥协退让的错误思想弥漫，“华北之大，已经安放不下一张平静的书桌”，爱国学生拍案而起，用正义与担当唤醒同学们。

（背景音乐《长城谣》）

地点：教室

角色：十几名学生（着学生装、冬装）

（第一幕侧屏幻灯片）

【画外音：（风声背景音）八十五年前，那段风雨如磐的岁月，眼见山河破碎，民族危亡，青年学子怎能安坐书斋？请听他们关于抗战的辩论】

【开幕】

学生甲：（语速慢一些念报纸）1935年11月25日，河北省“蓟密区”兼“滦榆区”行政督察专员殷汝耕，在通县宣布独立，成立冀东防共自治委员会为军政最高负责机关，实行会议制，殷汝耕自任委员长负责军政事务。并通电全国，发表《自治宣言》，宣称：“自本日起，脱离中央，宣布自治，举联省之先声，以谋东之和平。”

【学生拍案而起，义愤填膺】

学生乙：大汉奸、卖国贼，甘当日本人的走狗！河北东部、平津周围的22个县全部成了日本人的势力范围！北平危矣！天津危矣！华北危矣！

【其他学生窃窃私语、议论纷纷，学生丙慢条斯理，漠不关心】

学生丙：我看呐，也没什么大惊小怪的！这几年不是天天说日本人要来，结果签了《何梅协定》《秦土协定》，北平人的生活还不是外甥打灯笼——照旧嘛！南京的蒋委员长不是说了，共产党才是心腹大患，要……（思考状）“对！攘外必先安内”！行政院的汪精卫院长也说了，中国经济、

军事、组织哪个都不是日本人的对手，“抗战”？说得容易，拿什么抗？亡了国可怎么得了？我看还是要低调！低调！

学生丁：（挺身而出，正言厉色）张君此言差矣！这几年来，我们一步步退让，换来的是什么呢？是日本人得寸进尺、得尺进丈！九一八事变后吞并东北，为了掩人耳目，还把溥仪抬出来搞了个“满洲国”，真是欺世盗名！1933年又开始大举进攻华北，现在北平快成了一座孤城！现在拉拢汉奸、拉拢军阀，大搞“华北五省自治”，不就是想把华北变成第二个东北吗？“华北之大，已经安放不下一张平静的课桌了！我们决不能坐以待毙！”

学生丙：（继续慢条斯理）可是同学，我们真的是打不过人家呀！

【同学们又是一阵议论，声音更高】

学生乙：（站在人群中央，义正词严）非也！我们是贫弱落后，但是我们想一想，九一八事变，20万东北军为什么轻易败给2万关东军？一天丢掉奉天城（即沈阳），三天丢掉长春市，100多万平方公里领土不到六个月就全部沦陷，3000万同胞变成了亡国奴！为什么？因为“不抵抗”！因为有人下命令“收缴武器，存进仓库，对日本人的侵略不许抵抗”！可是，黑龙江的马占山将军起来抵抗了！东北的人民起来抵抗了！现在那里还有许许多多抗日的武装在坚持。我们中国人需要的是勇气、是信心、是脊梁！

【周围学生起立、鼓掌！学生戊、已，低声哭泣，大家上前安慰】

学生戊：我们从东北流亡到关内已经四年多了！我无时无刻不在思念那片黑土地，心心念念的是国民政府能领导我们抗日，东北军能打回老家去！可是我们什么时候才能看到希望啊？

【学生已悲伤轻声地演唱歌曲《松花江上》】

学生戊：我的家在东北松花江上，那里有森林煤矿，还有那满山遍野的大豆高粱。

【同学们一起唱，缓慢走向前台】

我的家在东北松花江上，那里有我的同胞，还有那衰老的爹娘。

【闭幕】（音乐《松花江上》起）

九一八，九一八，从那个悲惨的时候！九一八，九一八！从那个悲惨的时候，脱离了我的家乡，抛弃那无尽的宝藏，流浪！流浪！整日价在关内，流浪！哪年，哪月，才能够回到我那可爱的故乡？哪年，哪月，才能够收回那无尽的宝藏。爹娘啊，爹娘啊。什么时候，才能欢聚一堂！

【舞台灯渐暗，第一幕完】

第二幕：同仇敌忾，抗日救国

教师：第二幕“青年学子们在操场的集会”。叙述了“一二·九”运动爆发前夕，学生们受到中国共产党抗日思想的感召，喊出了“停止内战，一致抗日”的口号，并且在北平学联领导下，准备走向街头抗争。

地点：操场

角色：一学生（也可以两人）领袖站在讲台上，众多同学聚拢在台下（着学生装、冬装）。

（第二幕侧屏幻灯片）

【画外音：1935年的那个冬天，北平黑云压城，寒风凛冽！面对国土沦丧，危机紧迫，学校里，在中国共产党进步政策的影响下，同学们喊出了时代最强音！】

【开幕】

【学生领袖慷慨陈词】

学生领袖：同学们，就在昨天，北平学联召开代表会，通过并发表了《北平市学生联合会成立宣言》。平津15所大学、中学联合发出通电，反对“防共自治”，要求政府讨伐汉奸殷汝耕，动员全国人民抵抗日本的侵略。

【学生们鼓掌，欢呼！学生领袖痛心悲伤。音乐《炼狱》起】

学生领袖：然而，同样是在昨天，我们得到了确切消息，按照日本人的要求，12月9日北平将要成立“冀察政务委员会”！这个机构名为搞自治，实际上是要当日本人的傀儡！

【学生们义愤填膺，一学生带头高呼“反对防共自治运动”！“打倒日本帝国主义”！众人跟随高呼，学生领袖转为振奋】

学生领袖：同学们！北平学联已经做出了决定，12月9日举行学生大游行、大请愿，反对“华北自治”！我们不做亡国奴，我们要团结起来，为祖国的自由而奋斗！我们中国不是只有“不抵抗”的政策，不是只有“攘外必先安内”的政策，我们还有坚持抗日的一群人，我们还有“停止内战，一致抗日”的正确主张！

【学生们义愤填膺，一学生带头高呼“停止内战”！“一致抗日”！众人跟随高呼】

学生领袖：（目光执着，目视前方，充满希望）同学们！我们这些高年级同学马上就要毕业了，我们会奔向救国的前线，我们会奔向抗日的战场，我们会为民族复兴贡献我们全部的力量！同学们，大家起来！

【学生领袖起头领唱歌曲《毕业歌》】

同学们，大家起来，担负起天下的兴亡！

（音乐《毕业歌》起）

【同学们齐声唱】听吧，满耳是大众的嗟伤！看吧，一年年国土的沦丧！我们是要选择“战”还是“降”？

【闭幕】

我们要做主人去拼死在疆场，我们不愿做奴隶而青云直上！我们今天是桃李芬芳，明天是社会的栋梁；我们今天弦歌在一堂，明天要掀起民族自救的巨浪！巨浪，巨浪，不断地增长！同学们！同学们！快拿出力量，担负起天下的兴亡！

【舞台灯渐暗，第二幕完】

第三幕：街头抗争，无惧牺牲

教师：第三幕“北平街头的游行与抗争”。刻画的是“一二·九”运动当天，爱国学生们面对军警阻拦，无惧强暴，高喊救国口号，奋勇向前的英雄形象。受到学生的影响，北京市民也加入游行队伍，汇成了时代的洪流，中华民族迎来了新的觉醒！

地点：北平街头

角色：学生若干（着男女学生装、冬装），高举抗日标语，手拿纸旗。周围有围观群众若干。

（第三幕侧屏幻灯片）

【画外音：1935 年 12 月 9 日，一个注定载入史册的时刻！北平学生走上街头，市民们纷纷支持和加入，汇成了抗日救国的洪流！】

【开幕】

【音乐《殊死一战》起，舞台灯亮起，音乐一直铺着，铺到游行学生“冲冲冲”处，渐弱出】

【学生高呼爱国口号，经过街道】

学生群：“打倒日本帝国主义！”“保卫华北！”“停止内战！”“打倒卖国贼！”“中华民族万岁！”

【好心市民跑过来阻拦游行队伍，紧张地】

好心市民：学生们，不能再往前走了！前面街口有军警、有警车和架着机关枪的摩托车，他们手里还都拿着刀枪呐！他们拦游行队伍拦不住，已经开始动手打人啦！你们哪儿是他们的对手啊？

围观市民：是啊，秀才遇见兵，有理说不清！这可不是闹着玩儿的，赶快回家吧！

【学生运动领导者转身，大声问游行同学】

队伍前面的学生领导者：同学们，军警拦路，不让我们抗日，不让我们救国！他们手里有刀枪，我们只有一颗拳拳爱国之心！大家说，我们怎么办？

游行同学：（齐声答，慷慨激昂）冲！冲！冲！

【每排同学手臂相互挽在一起，组成人墙，齐步坚定向前走】

【围观市民议论】

市民甲：您说，这学生们是为了啥呀？还不是为了咱北平，为了咱国家？

市民乙：是啊！这日本人忒坏了，咱们再这么下去，北平可就完了！咱们得支持学生们！学生，快把这水拿上路上喝！

市民丙：咱们也跟学生过去，免得他们人少受欺负！

学生领袖："停止内战，一致抗日！"

齐喊："停止内战，一致抗日！""停止内战，一致抗日！""停止内战，一致抗日！"

【游行队伍向前，音乐《红旗颂》响起，四人朗诵】

男 1：从北平、南京到武汉、广州……
整个中国大地都被叫醒
所有的黑夜都灯亮

男 2：醒了，善良的头颅
在中国 1935 年的冬天
热血沸腾
在 1935 年的冬天
赴身烈火，向太阳追问

女 1：你四处奔走相告
或许

我们同根所生

同在一个家园

同饮一江水

女 2：如何能想象启明的雄鸡

落在独裁者的盘上

如何能使黄河长江

从此断流

在唇齿的空间里

炮火如何能烧起

男 1：烧红了，1935 年的中国

男 2：升温了，1935 年的中国

女 1：每一束火焰都含着愤怒

女 2：每一束火焰都含着责问

四名代表合：火光笼罩了大地

全体学生合：笼罩了全世界受蹂躏的人民。起来，不愿做奴隶的人们！起来，不愿做奴隶的人们！

【人群壮大，齐唱《义勇军进行曲》，音乐起】

众人齐唱：中华民族到了最危险的时候，每个人被迫着发出最后的吼声。起来！起来！起来！我们万众一心，冒着敌人的炮火，前进！冒着敌人的炮火，前进！前进！前进！进！

第四幕：尾声

【音乐《不忘初心》响起，学生四人朗诵】

男 1：八十五年前，我们走上街头奋力抗争

男 2：八十五年后，我们传承理想勠力前行

女 1：我们是谁？我们用呐喊唤醒沉睡的国人

女 2：我们是谁？我们用实干拥抱民族的复兴

男 1：“一二·九”是炽热与严寒的交汇

男 2：“一二·九”是历史与现实的对话

女 1：八十五年我们从不曾忘记

女 2：八十五年我们始终在追寻

四名代表合：血脉相承，薪火汇聚拂去灰烬，且添柴薪！新时代的小小

火焰，燃在八十五载时光的轮回中，只为点燃下一把奋斗之火，谱写新中国青春华章，创造新时代盛世辉煌！

全体学生合：创造新时代盛世辉煌！

【播放习近平总书记寄语青年讲话视频】

“青年朋友们，一代人有一代人的长征，一代人有一代人的担当，建成社会主义现代化强国，实现中华民族伟大复兴是一场接力跑。我们有决心为青年跑出一个好成绩，也期待现在的青年一代将来跑出更好的成绩。衷心地希望新时代中国青年积极拥抱新时代，奋进新时代，让青春在为祖国、为人民、为民族、为人类的奉献中焕发出更加绚丽的光彩。”

【全场齐唱《歌唱祖国》，剧终】

【设计意图】

从戏剧育人的角度培养学生的审美感知、鼓励其大胆参与艺术实践，深化其文化认同，逐渐完善以艺辅德、以艺促智的艺术教育体系。

2. 项目特征

(1) 增强跨学科的融合

历史学科的作用主要体现在对剧本情节的支撑。突出1935年这一特殊的时代背景，一边是日本侵略者步步紧逼，占领我东北后又觊觎华北，民族矛盾一步步上升为主要矛盾，另一边是国民党政府对日步步退让，一再违背民意打内战。而中国共产党在九一八事变后就开始领导抗战，提出了“停止内战，一致抗日”的正确主张，并号召建立抗日民族统一战线。此时的华北，形势最为复杂，有坚定的爱国者，有徘徊观望者，有漠不关心者，还有甘当汉奸者。情景剧《觉醒》就是着力展现这一复杂时代背景下的不同人物及其观念，在变化的时局中，在中国共产党主张的感召下，最终越来越多的人认识到了“一致抗日”才是必由之路，走向了历史正确的方向，这就是“觉醒”的含义所在。

在情景剧《觉醒》的编排和音乐选配上，担任剧中角色的学生既是情景剧的参演者，也是剧本的二度创作者，在排练、合练的过程中，不断帮助学生对台词进行细微的调整，对角色表情状态、说话语气的把握，逐步加深他们对“一二·九”运动的理解。音乐上选用了几首有代表性的歌曲作为承上启下的纽带，增强剧情的感染力，如开篇的《长城谣》、第一幕的《松花江上》、第二幕的《毕业歌》、第三幕的《红旗颂》《义勇军进行曲》、第四幕的《不忘初心》和结尾《歌唱祖国》。如何将这些时代感极强的作品嵌入剧情之中，如何理解这些作品所蕴含的思想感情，对创作和参演人员来说都是一次对音乐知识和历史知识的深度学习。

情景剧《觉醒》中的两段朗诵词创作，体现了语文学科的支撑作用。其中第三幕的朗诵词节选改编自钱万清创作的诗歌《一九三五年，中国的野菊花》。第四幕的朗诵词则是由学生对“一二·九”运动的文字感言汇集而成。

【设计意图】

引导学生在艺术实践中深入了解历史、理解音乐文化，增强跨学科的融合度。充分发挥学生主体作用，通过编排和配乐让学生直接体验感受音乐在戏剧中的作用，音乐与戏剧的完美融合。

（2）扩大学生的参与度

通过介绍历史史实，读诗歌，排演剧目，请同学们写下对“一二·九”运动的感言，取得了很好的效果。以下这段材料就出自同学们的创作：

“一二·九”是炽热与严寒的交汇，
“一二·九”是历史与现实的对话。
八十五年我们从不曾忘记，
八十五年我们始终在追寻。
血脉相承，星火汇聚。
新时代的小小火焰，
燃在八十五载时空的轮回中，
只为点燃下一把奋斗之火！

在演出过程中，台上的演员以其富有张力的演讲感染着在场的每一位观众，台下响起了一次又一次掌声。这掌声，既是对台上学生演员表演的肯定，也是对八十五年前“一二·九”运动中勇敢走上街头请愿的爱国青年的声援。

此外，部分同学承担了舞台屏幕切换、背景音乐播放、道具搬运摆放等舞台服务工作，这对于同学们来说也是一次参与戏剧艺术编创的实践过程。

【设计意图】

通过全体学生参与，全方位发挥戏剧艺术的育人功能，全面提升学生的艺术素养和创新实践能力。

（3）提升学生的理解力

通过戏剧手段回顾1935年12月9日中国人民用生命奋斗抗击外敌的那段历史。演出过程中，全场气氛一次次被点燃，一句句台词深深地激发着每一位师生的爱国之心。之后，同学们写下了对“一二·九”运动的感言。

学生1：通过同学们精湛的演技，我感受到了跨越时空的，来自无数热血青年保卫华北、保卫全中国的满腔热血。他们的爱国之情和勇于斗争的精神正是作为新时代青年的我们所应该学习的精神。

学生2：在参演过程中，我们的心灵受到了巨大的震撼，仿佛回到了那个年代。从爱国青年身后，我们仿佛看到千千万万青年学生不屈的身影，带着满腔的怒火，带着泪水的面庞以及热血的步伐，使我真实地感受到那个年代青年学生的力量，他们是时代的脊梁，是时代的希望。

学生3：我们很需要像八十五年前北平学生的热血和干劲，拿出青年们该有的蓬勃朝气投入学习，锐意进取，从生活中的每一件小事做起，时刻保持努力奋斗的思想，超越自我，成就更好的自己，实现祖国的富强，实现中华民族伟大复兴，为新时代中国梦的远大理想而奋斗！

【设计意图】

把握教学的方向和着力点，围绕“立德树人”这一中心任务，将学科素养真正落实到学习的过程中，达到学科间的真正融合。

（四）项目反思

通过情景剧《觉醒》这一项目的实施，使我们进一步认识到，跨学科知识的整合，多种教学手段的综合运用，既符合学生的认知需求，也有利于调动学生的积极性。这种学习方式充分发挥了戏剧艺术的育人功能，充分展现了学生的才能，挖掘了学生的潜能，激发了学生对祖国的热爱，培养了学生健康的审美情趣。

我们经常在教学实践中抱怨学生的参与热情不高，配合度低，其实更应该进行自我反思，我们的教学目标设定是否合理，教学方法选择是否恰当，学情分析是否到位。在本次项目学习中，我们更加认清了教学的方向和着力点，那就是围绕“立德树人”这一中心任务，将学科素养真正落实到学习的过程中。